U0454312

传奇投资人的智慧

ROLF　　　HEINZ
MORRIEN　VINKELAU

ALLES, WAS SIE ÜBER
BENJAMIN GRAHAM
WISSEN MÜSSEN

本杰明·格雷厄姆
投资精要

[德] 罗尔夫·莫里安
[德] 海因茨·温克劳
＿著

王坤 ＿译

中信出版集团 | 北京

图书在版编目（CIP）数据

传奇投资人的智慧. 本杰明·格雷厄姆投资精要 /（德）罗尔夫·莫里安,（德）海因茨·温克劳著; 王坤译. -- 北京: 中信出版社, 2022.3
ISBN 978-7-5217-3986-2

Ⅰ.①传… Ⅱ.①罗… ②海… ③王… Ⅲ.①投资－基本知识 Ⅳ.① F830.59

中国版本图书馆 CIP 数据核字 (2022) 第 021092 号

Author: Rolf Morrien, Heinz Vinkelau
Alles, was Sie über Benjamin Graham wissen müssen: Der Vater des Value Investing auf gerade mal 100 Seiten
© 2018 by FinanzVerlag, an Imprint of Muenchner Verlagsgruppe GmbH, Munich, Germany
Chinese language edition arranged through HERCULES Business & Culture GmbH, Germany
Simplified Chinese translation copyright 2022 by CITIC Press Corporation
ALL RIGHTS RESERVED
本书仅限中国大陆地区发行销售

传奇投资人的智慧. 本杰明·格雷厄姆投资精要
著者： [德] 罗尔夫·莫里安 [德] 海因茨·温克劳
译者： 王坤
出版发行：中信出版集团股份有限公司
（北京市朝阳区惠新东街甲 4 号富盛大厦 2 座 邮编 100029）
承印者： 北京启航东方印刷有限公司

开本：880mm×1230mm 1/32　印张：36　字数：457 千字
版次：2022 年 3 月第 1 版　印次：2022 年 3 月第 1 次印刷
京权图字：01-2021-5469　书号：ISBN 978-7-5217-3986-2
定价：294.00 元

版权所有·侵权必究
如有印刷、装订问题，本公司负责调换。
服务热线：400-600-8099
投稿邮箱：author@citicpub.com

目 录

第一部分
本杰明·格雷厄姆：证券分析行业的奠基人

序 言 | **本杰明·格雷厄姆：证券分析行业的创立者**

——刘建位 《巴菲特选股 10 招》作者，

霍华德·马克斯作品《周期》译者

我很喜欢读格雷厄姆的《聪明的投资者》，甚至抽出半年时间，自己把这本书又从头到尾翻译了一遍，不为出版，只为自己看。我也很喜欢他的《证券分析》，这本书比《圣经》都厚，有 50 万字。我还专门做过一套"解读《证券分析》"的课程，课程的文字稿都有 10 万字了。所以，我觉得我来给这本书写序，还是有点儿资格的。我想，出版社找我写这篇推荐序的关键，不是希望我把格雷厄姆讲得博大精深，而是希望我讲得浅显易懂，让这本书的读者朋友们一听就明白。因此，我反复考量，先后推翻了几稿，最后决定重点介绍两点。第一，格雷厄姆的投资江湖地位：创立证券分析行业和价值投资流派；第二，格雷厄姆的最大投资贡献：创立证券分析基本体系。

格雷厄姆的投资江湖地位：创立证券分析行业和价值投资流派

首先要说的是，格雷厄姆是证券分析这个行业的祖师爷。我们现在经常听说，谁进证券公司或者基金公司做了证券分析师，谁通过了 CFA（特许金融分析师）三级考试，拿到了证书，据说这个证书在美国比名牌大学的毕业证含金量还要高，相当于医生、律师、会计师的从业资格证。证券分析这个行业现在这么红火，从业者成为人人羡慕的金领，这都要感谢格雷厄姆这个祖师爷。格雷厄姆 1938 年出版的《证券分析》改变了投资世界，相当于马克思的《资本论》改变了政治世界，弗洛伊德的《梦的解析》改变了心理分析世界，爱因斯坦的《相对论》改变了物理学世界。顺便说一下，格雷厄姆和另三位大师一样，也是犹太人。

说到证券分析，其实现在主要指的是股票分析，而说到股票分析，几乎人人都会说价值投资。股票投资有很多流派，价值投资是第一大正宗流派，也可以说是世界各国官方唯一共同认可的投资流派，而格雷厄姆就是公认的"价值投资之父"。

尽管现在一说价值投资，人人皆知，但是正如现在小学生也知道的进化论和相对论，它们当年可具有开天辟地、划时代的创新意义。

格雷厄姆从哥伦比亚大学毕业之后，进入华尔街工作，先做债券分析师，当时叫统计员，后来随着股票投资的兴起，把主要精力转到股票投资。他越做越好，越做越大，后来就自己创立了一家投资公司，用巴菲特话说，这家公司可以说是最早的对冲基金。1929年之前，格雷厄姆的投资公司经历过一段时期的辉煌，连华尔街最有钱的投资人巴鲁克都想与他合作，但是他年轻气盛，还是想自己做。结果，1929年10月"黑色星期一"之后，股市一路暴跌，加上美国经济大萧条，3年间最多跌了89%。格雷厄姆管理的基金，由于加了杠杆，跌得更惨。后来多亏合伙人的老岳父提供一笔资金，公司才勉强存活下来。

失败是成功之母。格雷厄姆经过反思，改进策略，在股市复原之前迅速复原，仅用了3年时间就重新为客户弥补了所有的亏损，从此投资越发稳健成功。

失败也是智慧之父。人生失败出大诗人，而格雷厄姆经历投资失败，写出了一本好书。

格雷厄姆在华尔街名气很大，文学素养深厚，哲学素养更深厚，喜欢讲课，逻辑性很强，又擅长写作，作品可读性很强。他在母校哥伦比亚大学商学院开了一门投资课，很受欢迎。格雷厄姆负责讲，他的助教多德负责记录和整理。在此基础上，格雷厄姆进一步修订书稿，出版了《证券分析》。

实话实说，这本书的专业性在当年来看太强了，革命性和创新性太强了，因此并不畅销。但是圈内有头脑的人都识货，这本书在专业人士中被口口相传。

1949 年，格雷厄姆在这本书的基础上，出版了一本针对业余投资人的通俗作品《聪明的投资者》。正好赶上第二次世界大战结束之后，美国经济大幅增长，股市很火，股票投资很火，这本书一下子火了。

所以，各位要读懂格雷厄姆的价值投资策略，可以考虑先读通俗版的《聪明的投资者》，再读专业版的《证券分析》。

巴菲特认为，格雷厄姆写的书，在五六十年后的现在，仍然是最伟大的投资著作。伯克希尔－哈撒韦公司的成功，是格雷厄姆栽的智慧之树结出的果实。

纽约证券分析师协会这样评价格雷厄姆："投资行业，原来如同一个黑暗的迷宫，是格雷厄姆第一次绘制出来一幅地图，从此投资人找到了一条走出黑暗迷宫的光明之路。"

格雷厄姆的最大投资贡献：创立证券分析基本体系

我个人认为，格雷厄姆对证券分析行业的最大贡献，不只是提出价值投资的基本思想，而是把证券分析从三个方面进行体系化：一是原理如何说，二是指标如何算，三是分析如何做。这样一来，原理有逻辑性，指标有科学性，分析步骤有系统性。从此之后，证券分析这一行业变得有理可讲，有法可依，有章可循，成了一个清清楚楚、明明白白、规规矩矩的行业。证券分析师和律师、会计师一样，成了美国人人尊敬的体面职业。

我在仔细研读格雷厄姆的《证券分析》和《聪明的投资者》两部著作后，把格雷厄姆创立的证券分析基本体系分为三个方面：证券分析基本原理、证券分析基本指标、证券分析基本步骤。

第一，证券分析基本原理

我如果从股票讲股票，估计有些业余投资人一下子也听不明白。我告诉你一个理解格雷厄姆证券分析的关键，你一看就懂了：从债券看股票，从债券分析看股票分析。

可能你会说，我也不懂债券呀！

其实，你到银行存款，和买债券是一样的，只是存款的面额不固定而已。存款就是不标准的债券，债券就是标准化的存款。

格雷厄姆能承上启下，革命性地提出证券分析的核心——价值投资理念，其实跟他所处的大时代有关。美国证券市场先是以债券交易为主，后向以股票交易为主过渡，再到股票称王，一直到今天。

今天的业余投资人几乎都不投资债券，而当年的业余投资人几乎都不投资股票。

格雷厄姆入行，也是先从债券分析做起来的。

他先是让债券分析形成了一套完整的分析体系，然后才逐步延伸到股票分析上。所以你看格雷厄姆1934年出版的《证券分析》第一版和第二版，债券分析的内容篇幅非常多，过了十来年，第三版和第四版中股票分析的内容占比就明显提高了，1949年出版的《聪明的投资者》，就明显是以股票为主了。

格雷厄姆说的股票，有两种，一种是优先股，一种是普通股。我们中国只有普通股。美国有很多优先股，优先股的本质是债券，永远不还本，只是给分红，但是分红又不像债券利率那样事先约定。不过，当年美国好多上市公司的分红像债券一样稳定，所以说，优先股是一种介于债券和股票之间的过渡形式，大部分像债券，一小部分像股票。

你读《证券分析》和《聪明的投资者》这两本书，其实一开始可以只读有关普通股的部分，等深入细读时，再读优先股和债券。但是，从原理上讲，搞明白格雷厄姆的债券投资策略，会让你全面、深入地理解格雷厄姆的股票价值投资策略。

接下来，我们讲证券分析的基本原理，也是价值投资的基本原理。

格雷厄姆把投资的奥秘归结为四个字：安全边际。

什么是安全边际？

安全边际就是这只股票的内在价值与其市场价格的差异。

安全边际的概念最初应用于工程领域。巴菲特说，就像我们建了一座大桥，最大承重量是40吨，但是我们只准载重量20吨的卡车通过。同样，我们平常坐的电梯，一般都写着最大承重量是13人，但是其实你往里面塞30人，电梯的缆绳也不会断。"最大载重量20吨"和"最高限载13人"就是安全边际。

安全边际并不是格雷厄姆的独创性投资概念，在债券投资中，它其实是一个常识，每个有经验的债券投资人都知道。以投资级债券为例，如果你想购买一家铁路公司发行的债券，那么你应该确保其税前利润至少为公司包括利息支出在内的总固定费用的 5 倍以上，而且能连续几年保持这样的盈利水平。公司每年赚的利润大大超出它每年要支付的利息，这样就形成了一个安全边际。即使公司未来的盈利下滑一半，也不会影响公司支付利息的能力，债券投资人就不会发生损失。你想想看，你会把钱借给工资收入勉强能够还你利息的人吗？

格雷厄姆把债券投资中安全边际的概念延伸应用到股票投资上。简单地说，股票是没有固定利息的，红利往往并不高，甚至很多公司不分红。但是公司每年的税后净利润，不管是否分配，都是属于股东的。所以，我们可以把股票的每股收益看作债券的利息，把每股股价视为债券的本金。用每股收益除以每股股价就是这只股票的盈利能力，我们称其为盈利收益率，英文缩写为 E/P。比如，某著名白酒股 2014 年中期的每股股价为 150 元左右，上一年度的每股收益接近 15 元，那么它的每股盈利收益率近 10%，相比 2014 年的 5 年期个人存款利率 4.75% 高出 1 倍。企业的利润并不会完全分配，大部分会留在企业内部追加投资，扩大生产和销售，推动企业盈利持续增长。因此，保守估计，如果 10 年之后公司的盈利翻 1 倍，这只股票的盈利收益率就会是存款利率的 4 倍，安全边际相当高。

盈利收益率（E/P）是用每股收益（E）除以每股股价（P），反过来，每股股价（P）除以每股收益（E），就是我们熟悉的市盈率（P/E）。同样是这只股票，如果市盈率为 10 倍，盈利稳定可持续的话，10 年能回本。如果同一时期的 5 年期个人存款利率为 5%，那么市盈率为 20 倍，20 年能回本。用市盈率这个指标衡量，买股票比存定期存款便宜一半。保守估计，如果这家公司再过 10 年盈利翻倍，市盈率只有 5 倍，那么买股票就比存定期存款便宜 3/4 了。

债券每年的利息是固定的，归还本金的时间是固定的，所以被称作固定收益类产品。股票是不还本的，而且每年给股东的分红是不固定的，所以不容易估值。但是，股票的好处是其盈利能力要比债券高得多，而且盈利会持续增长。为一只股票估值时，我们不需要像债券估值一样精确，只要大致保守估计就行了。就像我们看一个人，一看体型就知道他胖不胖，尽管我们看不出来这个人到底是200斤还是300斤，但是不管这个人是200斤还是300斤，他都挺胖的。内在价值这个概念有很大的灵活性，我们要的不是精确的估值，而是正确的估值，大概明确一个区间就行了。如果市场价格比我们保守估值的下限还要低一半，那么这只股票的安全边际就很高，你就值得去投资了。

格雷厄姆的证券分析体系，是以安全边际为中心，而安全边际是你估计的内在价值与股票市场价格的差异。巴菲特在1984年纪念《证券分析》出版50周年的演讲中一言而概之："价值投资者都是追随格雷厄姆的思想，他们只关心一个中心：价值与价格的差异。这个差异就是安全边际。"巴菲特一再强调说："安全边际就是价值投资的基石。"

第二，证券分析基本指标

股票的市场价格，手机、电脑上到处都有，我们随时可以知道。但是股票的内在价值，看不见，摸不着，只能自己估算。那么，具体如何算，用什么指标来算呢？

格雷厄姆认为，计算的原则是保守估计。他主要使用三个股票估值指标：股息收益率、市盈率、现金资产净值。

在 1920 年之前，美国股市的规模还很小，远远不如债券市场，股票主要的功能是债券的替代品，没有稳定的分红（股息），就没人买。所以，股票估值和债券估值基本一样，股票的股息就相当于债券的利息，用每股股息除以每股股价就是股息收益率，把这个结果和债券利率一比，就知道一只股票是否值得投资。

第一次世界大战之后，股票开始火了，股票收益主要来自股价增长，只看红利不行了。这时，市盈率这个指标就流行开了，成了普遍使用的估值指标。

格雷厄姆在书中强调，市盈率这个指标经常被错误地使用。在计算市盈率时，最错误的方法是简单地使用上一年度的每股收益或简单地预计未来一年的每股收益。格雷厄姆提出，应该用公司的正常收益，就是过去一个完整经营周期的平均收益，一般是七八年，且必须包括经营表现最差劲的年份，还要扣除那些非经常损益等水分。市盈率不难计算，难的是分析公司基本面，估计未来七八年的正常年度收益。

1929年，美国股市大崩盘，3年暴跌89%，加上美国经济大萧条，很多股票的市盈率跌到个位数，也根本没有人买。格雷厄姆大声疾呼，说很多上市公司即使破产拍卖，也比现在的市场价格更值钱。他发明了一个超级估值指标：现金资产净值。简单地说，就是把公司按照破产拍卖的标准进行估值，将固定资产归零，将流动资产归零，只看三个月内可以变现的现金资产，再扣除全部负债。这样一算，如果一只股票的每股现金资产净值比每股股价还高得多，它岂不是太便宜了！

总的来说，格雷厄姆对股票的估值方法进行了系统的梳理分析，他讲的如何扣除财务报表中的水分来估算真实的每股收益，现在来看也不过时，有些上市公司还会在上面耍手段。

第三，证券分析基本步骤

格雷厄姆把证券分析的具体操作流程化，主要分成三大步骤。

第一步，行业比较分析。就是将同一行业的公司，用十多个财务指标和估值指标进行对比分析，筛选出基本面不错但估值明显偏低的少数个股。

第二步，公司深度分析。主要是仔细阅读和分析公司过去多年的财务报表，与主要行业对手进行对比分析，适当调整公司财务报表，分析其真实的盈利能力，进一步修正其估值。

第三步，市场价格分析。

我当年初学价值投资的时候，有一个非常幼稚的想法，以为我买了自己觉得严重低估的股票之后，股价就会很快纠正错误，迅速回归到我估算的价值水平。然而，不同的股票市场，价格的敏感性差异很大。越是大盘股，市场越关注。大盘龙头股的价格如果过于低估，一旦有利好机会，它就会迅速回归，这是真的。但是这种股票因为所有人都在盯着，也很难出现过于低估的买入机会。一些二线股、三线股，由于知名度很低，盘子很小，成交量也不大，几乎没有人关注，甚至没有券商追踪，时不时倒会出现一些过度低估的机会。但是这些二线股、三线股跟二三线艺人演的影视剧一样，少有人关注，即使你发掘了，买入了，也要花费相当长的时间才能等到价格回归价值。如果碰到金融危机和新冠疫情这样的事，你就要等上好多年了。

怎么办？

格雷厄姆的建议是，选股因人而异。你如果有能力，有经验，就选便宜得多的二线股、三线股。你如果没有什么能力和经验，就限制自己只选大盘龙头股，有机会就买，没有机会干脆不买。安全第一，盈利第二。

但是，任何投资组合都有一个统一原则：分散投资，分散投资，分散投资。

格雷厄姆的投资组合一般有 100 多只股票，仓位比例都不高，非常分散，这样整体就很安全。即使有一只股票爆了，亏光了，对整个组合的影响也不过 1%。

与格雷厄姆相比，巴菲特后期的投资风格高度集中，一只股票有时能占 1/4 甚至 1/3 的仓位，前十大重仓股会占八成仓位。简单说明一下原因。第一，格雷厄姆和巴菲特的分析方法不一样。格雷厄姆以量化指标为主，从不调研，甚至不关注公司的业务和管理，分析比较粗，出错的概率大得多。第二，格雷厄姆经过 1929 年的大崩盘和大萧条，差一点儿就破产了，所以更加保守谨慎。

以上就是证券分析的三大步骤：行业比较分析、公司深度分析、市场价格分析。现在的机构投资者大都也是按照这三个步骤进行股票分析。当然，格雷厄姆老爷子的原话没有这么规整，但是他提出的基本思路是这样的。

最后，我想说，价值投资的核心是安全边际，而安全边际的估算需要进行证券分析，所以格雷厄姆提出的证券分析，其实就是我们所说的价值投资基本框架。每一个价值投资者，其实都是格雷厄姆的学生。让我们一起向证券分析的祖师爷和价值投资流派的创始人格雷厄姆先生致以崇高的敬意！

作为现代股票市场历史上最著名、最成功的投资人,沃伦·巴菲特在谈及投资时说道:"它很简单,却并不容易。"他的最佳搭档查理·芒格也说过非常类似的话:"想出一个简单易行的想法并认真践行它。"他们的价值投资理念其实都源于本杰明·格雷厄姆,格雷厄姆倡导冷静、理性的投资风格。他说:"最好的投资决策应该基于实际价值,而不是时机。"

成功的投资并不神秘。我们在"传奇投资人的智慧"系列图书中介绍的许多策略都基于巴菲特、芒格和格雷厄姆的投资理念,这些策略都非常简单。我们只需要知道它们是如何起作用的，然后自始至终地坚持将这些理论知识付诸实践。

在本系列图书中，我们从每个传奇投资人的经历开始介绍。你很快就会发现，早年的生活往往深刻地影响着投资大师们的发展。沃伦·巴菲特童年的逸事几乎成为经典：小巴菲特遍访邻居，以每瓶5美分的价格售卖可口可乐。

在此之前，他在祖父的杂货店以25美分的价格购买6瓶装的可口可乐。他的计算方式如下：投资25美分，收获30美分的销售额（5美分/每瓶×6瓶），利润率为20%。据说，这20%的利润率深深地影响了他的一生。巴菲特在此后的业务中一直寻求同等水平的回报。

虽然你无法拥有那些伟大的传奇投资人的童年记忆，但是你可以从我们的书中了解到那些曾经的普通人是如何成功的。之后，我们还将向你展示他们在投资上取得的巨大成就，告诉你巴菲特、芒格和格雷厄姆是如何采用相应的策略取得成功的。

在过去几年、几十年甚至几百年中，诸多顶尖的专家都曾经找到过成功的方法，我们为什么还要尝试自己发明一种全新的、未经检验的投资策略？模仿大师的投资策略并不是一件需要觉得羞耻的事情。相反，认识、理解和重新实践成功的策略是一门艺术。只根据自己的想法行事，忽视来自前辈和大师的经验，是很容易犯下重复性错误的。要知道，这些前辈和大师可是经过事实验证的成功的投资家。向最成功的人学习，可以避免走弯路。

当然，这并不是说你要在所有的事情上都全盘复制著名投资家的行为，而是说你要理解他们的决策过程和决策方法。特兰·格里芬在他的著作《查理·芒格的原则》一书中写道：

> 没有人能成为查理·芒格，就像没有人能成为沃伦·巴菲特一样。重要的不是为了像赞颂英雄一样赞颂某人，而是要思考芒格

是否像他自己的榜样本杰明·富兰克林那样具有我们想要效仿的品质、特点、方法或生活理念，当然这些也许只是一部分。正是基于这样的可能性，芒格阅读了数百位人物的传记：从他人的成功和失败中学习，是让自己变得越来越聪明和智慧的最快方法，同时你又无须亲身体验。

最后，如果你暂时还没有从股市中获得收益，查理·芒格建议你坚持下去："人生中的第一桶金往往是最难获得的。"

祝你阅读愉快，并在未来的股市生涯中获得丰厚的收益。

海因茨·温克劳

罗尔夫·莫里安

第一部分

本杰明·格雷厄姆：
证券分析行业的
奠基人

> 格雷厄姆之所以能成为证券分析行业无可争议的开山鼻祖，是因为分析师这个职业在他之前并不存在，在他之后，人们才开始为这个职业命名。[1]

本杰明·格雷厄姆被认为是"华尔街的开山鼻祖"，因为他不按惯例，根据内幕消息和市场风潮来购买股票，而是根据公司的内在价值做出购买决策，因而他彻底改变了股票投资。本杰明·格雷厄姆提出了一种以价值为导向的投资方法，也称价值投资。

价值投资非常可靠，它几乎可以消除购买股票的高投机性风险。应用这种方法，格雷厄姆和他的后来者们，比如沃伦·巴菲特、查理·芒格和比尔·鲁安，取得了巨大的成功。

作为最成功的价值投资者，沃伦·巴菲特在"格雷厄姆社"的第一次价值投资者聚会活动中高度评价了价值投资的指导作用："因为我知道你们当中的一些人喜欢发表连篇累牍的讲话，所以我想在一开始就清楚地点明，格雷厄姆如果是蜜蜂，我们就是花！当我查看这次活动邀约的收件人列表时，我开始有点儿担心：如果我们不继续努力，看看我们还能从格雷厄姆身上学到些什么，这次活动就会变得像叫卖土耳其地毯那样充满自吹自擂。"[2] 在他题为《超级投资者格雷厄姆和多德》的著名演讲中，巴菲特称格雷厄姆为价值投资者的"启蒙之师"。[3]

成功的价值投资者比尔·鲁安也将格雷厄姆誉为"价值投资之父"："格雷厄姆提出了一个参考系

统，从而让人们能够真正深入地思考数字的实际含义。"[4] "如果你把格雷厄姆和巴菲特的理念放在一起综合学习，你就拥有了完整的投资理论体系。他们在价值投资领域的地位相当于一个人写了《旧约圣经》，另一个人写了《新约圣经》。"[5]

纽约的童年和少年时期

（1894—1911）

本杰明·格雷厄姆于 1894 年 5 月 9 日出生于英国伦敦，是英国夫妇多拉和艾萨克·格罗斯鲍姆的第三个孩子。在第一次世界大战期间，由于美国人的反德情绪高涨，他把自己的姓氏格罗斯鲍姆改为格雷厄姆。第一次世界大战结束后，本杰明·格雷厄姆获得了美国国籍。

信仰正统派犹太教的格罗斯鲍姆家族在英国国内经营瓷器生意，生活处于小康水平。1895 年，本杰明·格雷厄姆的祖父决定将业务扩展到美国，于是派他的儿子艾萨克携妻子儿女长途跋涉前往美国。"我们五个人 1895 年来到纽约，当时我只有 1 岁。我们乘坐二等舱，在入境时接受了美国卫生部门安排的体检，医生的检查草草了事。下船后，我们就步行到了纽约的新家。当时只有在纽约港埃利斯岛下船的三等舱乘客需要移民文件或其他手续。"[6]

一到美国，艾萨克·格罗斯鲍姆就开始经营他的瓷器生意。他经常出差，生意兴隆。

正如本杰明·格雷厄姆在回忆录中所写的那样："父亲是一位出色的商人，十分精明，精力充沛而且足智多谋。在他生命的最后几年，我们家族的英国总公司逐渐开始经营不佳，他凭借自己在美国赚的钱，不仅养活了我们，还养活着他在英国生活的父母、叔叔、婶婶和堂兄弟们——整整一大家人。父亲为此也付出了很大的代价，他承受了巨大的工作压力，几乎全年无休，出差地点遍及全美。"[7]

多拉在保姆的帮助下照顾着三个儿子的生活。虽然小本杰明是个听话的孩子，但三兄弟中的老二维克多却爱惹是生非。老大莱昂性格稳重、脚踏实地，他也会陷入一些麻烦，但总能毫发无损。[8] 本杰明 6 岁半的时候开始上学，根据他自己的说法，他是一个勤奋而优秀的学生。

在 20 世纪初的几年中，这个家庭遭受了命运的沉重打击。先是本杰明的祖父，格罗斯鲍姆家族的族长因肺炎在伦敦去世。仅仅一年后，本杰明的父亲因胰腺癌去世，年仅 35 岁。关于父亲的去世及其对家庭的影响，本杰明这样描述道："就我们家的生活条件而言，随着父亲的去世，一切都变了。我们的生活像是一条漫长而艰难的道路，通向的不是幸福，而是日益艰难的窘境，此外，我们还与经济大萧条进行了长达数年的抗争。"[9] 在这样的情况下，本杰明的母亲多拉挑起了生活的重担。她试图在三个小叔子和她的兄弟莫里斯·杰拉德的帮助下继续将瓷器生意经营下去，然而却遭遇了失败。一年后，她不得不结束生意，将存货清仓。两年后，多拉·格罗斯鲍姆经营小旅馆的尝试也宣告失败。再后来，她又在1907年的股市崩盘中赔了钱，因为在一位做股票经纪人的家族老友的建议下，多拉·格罗斯鲍姆投资了美国钢铁公司的股票。"从那时起，格罗斯鲍姆一家就过上了半饥半饱的生活，成了富裕家族里的穷亲戚。在早年的大部分时间里，多拉带着孩子们和她的兄弟莫里斯一家住在一起。"[10]

本杰明和他的堂弟路易斯·格罗斯鲍姆希望在自己力所能及的范围内改善家庭的贫困状况，他们决定开始打工。就这样，本杰明在9岁时就成为《星期六晚邮报》的一名报童。他每天卖出30份报纸，每份报纸的利润为2美分。后来，兄弟俩又在纽约扬基队的前身——高地人队的体育场里售卖棒球明信片。他们的利润很可观：工作日每个人可以赚大约20美分，周末甚至可以达到1美元。但是本杰明最赚钱的活儿还是帮人补习。

他每周给一个比自己大一岁的朋友补习3节课，报酬是50美分。有一段时间，他还帮一家杂货店送货，每周能赚2美元。本杰明从窘迫的家庭经济状况中得出以下结论："比起物质方面，我天生对生活的智慧和精神方面的追求更感兴趣。但童年艰难的生活条件对我的影响丝毫不亚于我的兄弟们。钱对我来说变得越来越重要。我理所当然地认为高收入和高支出是衡量人生成功最重要的指标。"[11]

12岁的本杰明以第一名的成绩从小学毕业。因此，按照美国的惯例，他作为学生代表在毕业典礼上发表了演讲，并被任命为校报毕业刊的编辑。1906年，本杰明升学到汤森－哈里斯－霍尔中学。修辞学教授、文学评论家西莫·查特曼在评论这所学校时曾说，它能"提供全美最好的公共教育"。[12]然而一年后，本杰明转学去了布鲁克林的男子中学，因为一家人又搬家了，去汤森－哈里斯－霍尔中学的路变得太远了。不过，这所男子中学也有很好的声誉，正如本杰明在他的回忆录中写的那样："实际上，这所男子中学长期以来一直都是全美声誉最好的学校之一，我很幸运能够去那里。我在这所男子中学度过了充实的两年。"[13]

附记 | 思考者和发明家

"15 岁时，我完成了一项发明，它是我的众多发明之一，"格雷厄姆在回忆录中写道，"我成功地将门铃与门把手连接起来，这样人们在按下门铃的同时就可以打开门。"[14] 但是他并没有停留在第一个发明。格雷厄姆在晚年时期先后发明了一种改良的计算尺、一种能等分蛋糕的切分器，并设计出了一个表格，借助这个表格，人们学习摩尔斯字母会变得更容易。尽管每个发明都截然不同，但它们有一个共同点：这些发明都没有为格雷厄姆赚到任何钱。[15]

1910 年春，本杰明以全班第三名的成绩从中学毕业。毕业后，他参加了普利策奖学金的笔试，然后在纽约西北约 120 公里的新米尔福德的一个农场里做了两个月的季节性临时工。除了吃住，凭借辛勤的工作，他每月可以挣到10美元。

回到纽约后，本杰明参加了普利策奖学金的面试。一周后，当他询问考试结果时，他被告知没有获得奖学金。这让他倍感失望，因为这样他将无法承担哥伦比亚大学的学费。在这种情况下，他怀着沉重的心情进入纽约城市学院。纽约城市学院是免学费的，但它在本杰明眼中只是一所二流学校："去这所大学而不是哥伦比亚大学就读意味着我要接受自己的平庸，承认自己的失败。与顶尖大学的毕业生相比，纽约城市学院的毕业生无论是在职业发展还是在社会事业方面都处于劣势。"[16] 不久之后，他放弃了在纽约城市学院的学业，选择先工作一年。为了挣钱，他在一年中打了好几份工。1911年春，本杰明再次申请哥伦比亚大学的奖学金，并应系主任凯佩尔的邀请参加了面试。在这次面试中，凯佩尔坦言，他们犯了一个错误，导致本杰明没有获得上一年度的普利策奖学金。"你有一个兄弟或堂兄弟叫路易斯·格罗斯鲍姆，三年前，他在我们这里申请到了普利策奖学金。当我们要向你发放奖学金时，招生办公室的人把名字搞混了。他们表示无法向已经获得奖学金的人再次提供奖学金，因此，把原本要给你的奖学金给了名单上的下一顺位。"[17] 作为补偿，凯佩尔向本杰明提供了接下来秋季学期的校友奖学金，本杰明接受了这一安排。

哥伦比亚大学的求学岁月

（1911—1914）

我对经济学的认识方法与我对金融的认识方法是一样的，即通过阅读、思考和实践。[18]

1911 年 9 月，本杰明·格罗斯鲍姆开始在哥伦比亚大学攻读人文专业。他选修了数学、哲学、英语、希腊语和音乐等科目。此外，他还学习了经济学课程，但学了一段时间就中断了。"在放假之前，我开始学习国民经济学的基础课程。但是在学习了几周之后，这个'混沌的学科'并没有令我产生兴趣，我决定假期回来后不再学习这一科目。"[19]

本杰明怀着雄心壮志开始了他的大学生涯。他想用三年时间完成学业，但实际上，他只用两年半就完成了大学学业。

考虑到本杰明在大学期间还打了很多份工，这显得更加难能可贵。起初他在电影院的收银台打工，然后在美国邮政服务公司找到一份工作。他在美国邮政服务公司的一个负责卡片穿孔的项目组工作。当项目经理意外辞职后，本杰明得到了项目经理的职位，然而，他的工作时间从夜班变成了白班，为此他不得不向系主任凯佩尔请假。本杰明有时还要两班连轴转，当然他也拿到了丰厚的报酬。"按照我的工资条，我每月的薪水有 250 美元——这在 1914 年之前算是很高的薪资了。"[20] 在美国邮政服务公司工作了四个半月后，他恢复了白天的课业。与此同时，他还在业余时间继续打工，他的工作包括课外辅导、销售影楼的代金券、在美国邮政服务公司的运单部门工作、销售衬衫盒上的广告位，此外，他还在布朗克斯的一所夜校教英语。

1914 年春，本杰明从哥伦比亚大学毕业，获得理学学士学位。他以全年级第二名的成绩入选斐陶斐荣誉学会，这是一个全美大学的优等生荣誉学会。此外，他还获得了哥伦比亚大学哲学、数学和英语系发出的工作邀请，以及法学院的研究生奖学金。精英女子学校布里尔利的校长也为本杰明提供了一份英语教师的工作。本杰明婉拒了以上所有邀约，选择到华尔街开启自己的职业生涯。这也是凯佩尔主任给他的建议，为此，凯佩尔还帮他联系了一家百老汇的经纪公司。

附记 | 本杰明·格罗斯鲍姆就这样变成了本杰明·格雷厄姆

当第一次世界大战于 1914 年夏天在欧洲爆发时，美国弥漫着一种反德情绪，使得许多德裔家庭更改了自己的姓氏。其中也包括格罗斯鲍姆家族，他们在战争开始的前几年取得了美国国籍，并且将姓氏改成了具有苏格兰特色的格雷厄姆。[21] 本杰明的舅舅莫里斯，其原本的德国姓氏是"格苏恩德海特"，当时也改成了杰拉德。

本杰明不仅改变了自己的姓氏，还改变了他以前对德国文化的认同态度。"在第一次世界大战之前，我对德意志精神非常崇拜……但是在1914年到1918年之间，我开始强烈地抵触德国的那一套，几乎完全放弃了我以前最感兴趣的语言和文学。"[22]

华尔街的早期职业生涯——从跑腿小工到证券分析师

(1914—1920)

> 我只是从传闻和小说中了解到华尔街是一个令人激动且充满戏剧性的地方。我感受到自己有一种强烈的渴望，想要加入这个神秘群体，和他们一起做一些影响深远的大事。[23]

在凯佩尔的推荐下，格雷厄姆在纽伯格 – 亨德森 – 劳伯经纪公司找到一份工作。由于他没有受过与股票行业相关的培训，因此他被安排先去了解公司各个部门的业务，在这种情况下，他所承担的只能是一些临时的事务性工作。本杰明从纽伯格－亨德森－劳伯经纪公司财务部门的跑腿小工开始做起，开启了他在证券市场的职业生涯。"我从一个经纪公司的跑腿小工开始，在退休之前，成了一家知名投资基金的管理者和两家大型企业的董事长。"[24] 他刚开始工作时的工资为每周 12 美元，这也基本符合美国当时的人均收入——1910 年，美国人的平均工资约为每周 11 美元。[25]

附记 | 20 世纪初的纽约股市

1914 年的纽约证券交易所无法与今天的纽约证券交易所相提并论。其原因当然是多方面的。首先，技术的变革彻底改变了股票市场。如今，在华尔街再也找不到像本杰明·格雷厄姆当时那样，必须在股价板上更新当前股票价格的跑腿小工了。此外，场外交易市场，即在户外交易那种未在纽约证券交易所挂牌的股票的市场，现在已经不复存在了。

证券交易所的业务重点也发生了变化。在1914年，债券业务远比股票业务更重要。这主要是因为债券是有抵押担保的，可以提供稳定的利润。"当我1914年来到华尔街时，人们不认为债券是有交易风险的，它们的确也没有风险。其价格主要建立在固定的股息之上。在正常年份，它的波动相对较小。"[26]格雷厄姆这样说道。普通股的情况则不同，格雷厄姆说，它们被视为具有高度的投机性和风险性，"当时的投资仅限于债券。除了很少的例外情况，普通股仅被视为投机交易的对象"。[27]

格雷厄姆刚刚开始他的新工作，第一次世界大战就爆发了，纽约证券交易所因此被迫关闭了四个半月。格雷厄姆虽然没有被解雇，但他不得不接受薪资待遇每周降低2美元。在纽约证券交易所工作期间，格雷厄姆开始在哥伦比亚大学任教。

他通过分析，为纽伯格–亨德森–劳伯经纪公司的客户列出了一个建议买进的债券清单。"我成了一本铁路债券领域行走的工具书。"[28] 格雷厄姆后来这样说道。比起跑腿小工单调的工作,他更喜欢这种分析工作。"那时我已经确定,我更喜欢成为一名'统计师'——当时人们正是这样称呼证券分析师的,而不是债券交易员。"[29]

在了解到格雷厄姆作为证券分析师的天赋后,一家竞争对手经纪公司为他提供了更高薪的职位。纽伯格-亨德森-劳伯经纪公司的老板塞缪尔·纽伯格对格雷厄姆准备跳槽的打算感到失望。他们之间有了以下对话:"我在这里挣得有点儿少。"格雷厄姆说。"这是由我们决定的,而不是你!"纽伯格这样回答。"但我不想做一辈子的经纪人,我更喜欢当统计师。""好吧,不管怎么说,我们是时候成立一个统计部门了。你可以从事这项工作。"[30] 于是,格雷厄姆接受了纽伯格提出的统计师职位,随之而来的是每周加薪 3 美元。"我接受了这个职位,并且感到很高兴,我终于可以开始真正的证券分析师职业生涯了。"

"在正确的时间掌握了正确的技能，我真是有着双倍的好运，因此，我必须成功。"格雷厄姆说。在第一次世界大战之前，投资决策"主要基于内部信息……特别是操纵市场的专业人士，也就是那个让股价剧烈波动的神秘群体的活动和计划。[31]但在1914年之后，一只股票的真实价值和投资收益成为股票分析中越来越重要的部分。造成这种变化的原因有很多，尤其是在第一次世界大战期间大型工业企业的财务实力不断增强"。[32]

1915年，格雷厄姆与一位年长的同事一起购买了他的第一批股票。他的上级阿尔弗雷德·纽伯格在得知这件事后，训斥了年轻的格雷厄姆。在入职面试时，这位上级就警告过他不要去做风险性的投机交易。格雷厄姆立即卖掉了他的股票，还小赚了一笔。

格雷厄姆专门从事套利交易和对冲方面的证券分析。"与今天相比……那时的企业家喜欢隐藏资产。"[33]如果格雷厄姆在分析一家公司时发现了隐藏的资产，他就会建议购买这家公司的股票。其中一个例子就是他对濒临破产的堪萨斯 – 密苏里 – 得克萨斯铁路公司的股票（这种股票也称"凯蒂股"）的买入建议，当时，该公司正处于重组过程中，股价为 50 美分。

重组完成后，公司应发行新的凯蒂股。旧股的持有者可以将手中的股票按 1∶1 的比例更换为新股。格雷厄姆经过分析发现，旧股值得购买，其风险很低，获利的机会很大。经过一番劝说，纽伯格 – 亨德森 – 劳伯经纪公司的股东们最终购买了 5 000 股凯蒂股，并在短时间内获得了大约 6 倍的收益。这种类型的交易——购买一家濒临倒闭的公司的股票——后来成为格雷厄姆投资风格的标志。在专业领域，这种投资被称为烟蒂投资。这里用了一个形象的比喻，将濒临破产的公司比作已经被丢弃，但仍然可以让人最后抽一口的烟蒂。格雷厄姆专门研究这种被丢弃的烟蒂（濒临破产的公司），捡起它们（购买这些公司的股份或股票），享受最后一口（赚取利润）。

在纽伯格－亨德森－劳伯经纪公司工作期间，格雷厄姆建议买入的另一个"烟蒂"是古根海姆勘探集团。据说这个大型集团即将解体，格雷厄姆意识到古根海姆持有大量的隐藏资产，其中包括几个铜矿的股份，总价值远远超过古根海姆发行的所有股票的总和。

格雷厄姆随后建议购买古根海姆的股票，同时出售古根海姆持有的铜矿的股票。"古根海姆的解体计划进展顺利，这笔交易最终获得的收益与我预计的完全一致，每个人都很高兴，尤其是我。"[34]格雷厄姆为他的精准分析感到高兴。

古根海姆的资产情况如表1所示。[35]

表1　古根海姆的资产情况

数量	股份（美元）	1915年9月1日的市值（美元）
	1古根海姆勘探集团	68.88
古根海姆的参股股份		
0.727 7	肯尼科特铜（52.50）	38.20
0.117 2	中国铜（46）	5.39

数量	股份（美元）	1915 年 9 月 1 日的市值（美元）
0.083 3	美国冶炼（81.75）	6.81
0.185	雷综合铜（22.88）	4.23
古根海姆的其他资产		21.60
古根海姆的总资产		76.23

格雷厄姆的分析和购买建议非常成功，因此他的工资在 1916 年年末涨到了每周 50 美元。[36] 这足够让他与自己的女朋友黑兹尔·梅热订婚了。格雷厄姆本人将他与黑兹尔的关系描述为"我青年时代最重要的浪漫篇章"。"（1917 年）我与黑兹尔结婚，婚后我们育有 5 名子女。我们共同经历了酸甜苦辣，然而最后还是以离婚告终。"[37]

在第一次世界大战即将结束时，格雷厄姆开始更多地自己做投资。他为他的英语教授阿尔戈农·塔辛管理一个金额为 1 万美元的投资账户，盈利双方平分，亏损也由双方共担。该账户起初运转得非常好。格雷厄姆将他数千美元的利润投资到了他哥哥莱昂名下的一家唱片店。

然而，在 1917 年美国参战之后，股市进入大萧条，塔辛账户中的股票市值急转直下。格雷厄姆无法满足追加资金的要求，因此账户被冻结，格雷厄姆非常绝望，甚至还产生了自杀的念头。但是塔辛在与他的谈话中表示了对行情变化的理解。格雷厄姆答应会偿还债务，后来他也的确做到了。

在纽伯格 – 亨德森 – 劳伯经纪公司担任证券分析师期间，格雷厄姆的投资天赋广为人知，他的亲戚和朋友们也开始请他代为投资。格雷厄姆为他的舅舅莫里斯·杰拉德管理了一个信托账户，账户的发展势头很好。

格雷厄姆与几个朋友一起投资了一家名为萨沃尔德轮胎的初创公司。萨沃尔德轮胎研发出了一种翻新汽车轮胎的专利技术。该公司的股价最初上涨得很快，但不久之后开始大幅波动。

萨沃尔德轮胎在成立了几家区域子公司后，股价开始暴跌。格雷厄姆在他的回忆录中用充满戏剧性的语言描述了萨沃尔德轮胎股票的悲惨结局："突然间，萨沃尔德轮胎的股价完全崩溃了。母公司的股价跌到了 12.5 美元！在几次买卖之后，致命的一击出现了：萨沃尔德轮胎的卖盘不再有人出价！1919 年 10 月 4 日之后，这几家公司都从大盘上消失了，就仿佛它们从未出现过！"[38]

格雷厄姆虽然挽救了 1/3 的投资，但这种风险性的投机交易却长久地以一种负面形象留在了他的记忆中。"我们——所谓的专业人士，对这家公司的了解仅限于它可能从事的业务范围，以及据称有多少股票可交易。这些信息可以在一份简陋的招股说明书中被找到……萨沃尔德轮胎唯一真实的东西或许就是哥伦布圆环上的霓虹灯广告。"[39]

经纪公司的初级合伙人

（1920—1923）

　　格雷厄姆在为纽伯格 - 亨德森 - 劳伯经纪公司工作了 5 年之后，被晋升为初级合伙人和统计部门的负责人。职位的晋升意味着收入的明显增加，因为除了工资，格雷厄姆还可以获得纽伯格 - 亨德森 - 劳伯经纪公司年利润 2.5% 的分成，并且无须承担损失的风险。[40]"在那 4 年中，我得到的分成大约是平均每年 5 000 美元。"[41] 格雷厄姆在他的回忆录中这样写道。

　　刚被任命为初级合伙人不久，格雷厄姆就酝酿了一项大业务，预计会给纽伯格 - 亨德森 - 劳伯经纪公司带来超过 10 万美元的佣金收入。通过一个在债券经纪公司工作的朋友露·博拉尔，格雷厄姆认识了一个叫三木纯一的日本人。三木纯一代表一家日本贴现银行正在购买在 1904 年至 1905 年日俄战争期间日本政府在全球发行的债券。由于汇率差异，将这些债券带回日本本土出售可以获得丰厚的收益。

三木和他的雇主——位于大阪的藤本票据经纪公司最终委托纽伯格 – 亨德森 – 劳伯经纪公司负责购买欧洲的这些债券。"业务规模达到上百万美元。我们与伦敦、巴黎和阿姆斯特丹的证券交易所拥有良好的合作关系，这些证券交易所是债券的原始配售中心。由于法郎和日元之间的汇率关系，这些债券在巴黎以巨大溢价被交易，而与此同时，日本投资者即使考虑到高昂的经纪人佣金成本，在买进时也能获取收益。"[42]

创业的第一步——格雷厄姆投资公司

（1923—1925）

　　不用别人给本杰明脸上贴金，他自己已经有金刚钻了。[43]

　　格雷厄姆在开始做经纪公司跑腿小工的 9 年之后，于 1923 年 7 月 1 日创办了自己的公司，即格雷厄姆投资公司。成立公司还要感谢他的富豪朋友哈里斯兄弟的推动。他们问格雷厄姆是否想成为投资经理，帮他们管理一个账户，待遇为固定薪资加收益分成。"这样我就可以拿到 1 万美元的年薪，它包含 6% 的资本佣金和 20% 的收益分成。"这样的待遇令格雷厄姆难以拒绝，于是他接受了这一邀请。纽伯格－亨德森－劳伯经纪公司这次并没有给格雷厄姆制造大的阻力，因为纽约证券交易所大幅提高了对会员的资金要求。纽伯格－亨德森－劳伯经纪公司的业务量增长得如此之快，以至格雷厄姆套利业务所需要的资金超出了公司的能力。[44]

"一切比我想象的容易，特别是在道德层面，公司同意我离开。"格雷厄姆如释重负地写道，"我们达成了一致，我几乎所有的业务都会通过纽伯格－亨德森－劳伯经纪公司来做。这样我可以免费使用办公室，拥有独立的电传打字机，还能享受其他各种服务。"

格雷厄姆为哈里斯兄弟进行了各种套利交易和保值交易，并购买了与公司内在价值相比价格被低估的股票。当不同市场或交易所的证券定价不同时，通过套利交易利用这种价格差异来获取利润是可能的。保值交易指的是如今证券交易所的"套期保值"（对冲交易）。格雷厄姆购买了杜邦公司的股票，并通过对通用汽车股票的做空交易来对冲这次购买。然而，露·哈里斯在格雷厄姆的投资项目中干涉得太多，他总是建议格雷厄姆购买他看好的股票。然而，这些建议通常不符合格雷厄姆购买股票的原则。"如果这些股票没赚到钱，他就会立即忘记，并且再也不提。然而一旦盈利，他就会记得很清楚，并且在下次一起吃饭的时候反复地说。没过多久，我就厌倦了这种粗暴干涉的行为。"[45] 两年半后，格雷厄姆最后选择解散公司。除了这些意见分歧，对于之前商定的 20% 收益分成，他也觉得明显偏低。

本杰明－格雷厄姆投资集团

（1925—1936）

> 无论是在华尔街还是在其他任何地方，都没有既安全又简单的致富方法。[46]

1926 年 1 月 1 日，格雷厄姆开启了他的下一个大型创业项目——本杰明－格雷厄姆投资集团。格雷厄姆将自己的钱投入集团的资本管理项目，他的一些朋友也投了钱，项目的资本管理规模为 40 万美元。格雷厄姆本人没有固定佣金，他与投资者们商定了一个弹性的利润分成方案，方案内容如表 2 所示。[47]

表2 格雷厄姆的利润分成方案　　　　　（单位：%）

投资回报率	投资者	格雷厄姆
6	6	—
26	22	4
56	43	13
100	65	35

对格雷厄姆来说，他将继续做他的"侦探"工作——寻找被低估的股票和套利交易机会。"在我的投资组合中，普通股占据了很大一部分，根据可靠的分析，这些普通股的股价都远低于其实际价值。"[48]

格雷厄姆本人对铁路公司的价值研究很感兴趣，作为这项研究的一部分，他在1926年查阅了美国州际商业委员会（ICC）的州际贸易年度报告。在报告的末尾，他找到了来自石油管道公司的数据，其数据来源标注为"石油管道公司年度报告"。由于对管道公司的数据知之甚少，格雷厄姆对这一发现感到非常兴奋，并且觉察到这会带来潜在的生意，于是他请求美国州际商业委员会把这些年度报告发给他。这些报告显示，石油管道公司完成了一项大规模的投资，但是没有相关的具体细节。然而格雷厄姆已经发现了其中的端倪，他第二天就驱车赶到位于华盛顿的美国州际商业委员会，从档案部门查阅到了完整的石油管道公司年度报告。"我很快发现，我手里拿着的是一个宝物。令我惊讶的是，我发现所有管道公司都持有大量优质的铁路证券。从某种程度来说，仅这些证券的价值就超过了管道公司的市值总和！"[49] 格雷厄姆对自己能发现这个隐藏的宝藏感到非常高兴，以至他感觉自己像伟大的占领者和探险家："我站在这里，像勇敢的巴尔博亚，他用自己的鹰眼发现了一个全新的太平洋。"[50]

北方管道公司的股价尤其被严重低估了。该公司的股票交易价格为 65 美元，但是每股具有 95 美元的现金价值。一回到纽约，格雷厄姆就分批买入了 2 000 股北方管道公司的股票，成为继洛克菲勒基金会之后该公司最大的股东，后者持有该公司 23% 的股份。但是，格雷厄姆该如何劝说北方管道公司将股本分配给股东呢？他约见了北方管道公司的总经理 D.S. 布什内尔，试图说服他出售公司持有的铁路证券，并将利润分给股东。然而，格雷厄姆却在布什内尔那里碰了壁。布什内尔在送别格雷厄姆时说道："如果你不赞成我们公司的策略，那么也许我们可以建议你去做理性投资者该做的事——出售你的股票。"[51] 因为这件事情，格雷厄姆被他的经纪人同行比作骑着马要与风车作战的堂吉诃德。

但格雷厄姆并没有放弃，他向北方管道公司这座"风车"发动了第二轮进攻。1927 年 1 月，他驱车前往宾夕法尼亚州的石油城参加北方管道公司的年度股东大会，这是一个位于美国中部的偏僻城市。除了格雷厄姆，只有 5 名北方管道公司的员工出席了这次年度股东大会。然而，要投票表决的年度报告还没有做好，格雷厄姆要求呈阅备忘录的请求也遭到了驳回。很快，会议就结束了。格雷厄姆虽然很失望，但是他打定了主意，下一次年度股东大会他还要参加——当然，也要做好准备工作。"我为自己被愚弄的遭遇和自己的无能感到羞耻，也为自己遭受的对待感到愤怒。"[52]

第二年，格雷厄姆为年度股东大会认真进行了准备。他聘请了知名律师事务所的律师，并征集到北方管道公司其他小股东的委托书。"我们持有超过 1.5 万股的股票，有足够的资格占据两个董事会席位。"[53]情况也确实是按照格雷厄姆的设想发展的，他和陪同他一起来的律师在这次年度股东大会上成功进入北方管道公司的董事会。"我是标准石油集团（Standard-Oil-Gruppe）——这家公司与标准石油（Standard Oil）没有直接联系——的第一届董事会成员。虽然北方管道公司是该集团下属的一家规模较小的公司，但我还是为自己的成功感到非常自豪。"格雷厄姆在回忆录中这样写道。经过格雷厄姆和布什内尔开诚布公的商谈，北方管道公司的闲置资产最终被出售，收益按照每股70美元分配给股东。这是"堂吉诃德·格雷厄姆"的巨大成功。

1927年年初，格雷厄姆和他的小家庭遭受了沉重的打击。他的大儿子牛顿在一次手术后患上了脑膜炎，并于1927年4月20日不治而亡，当时只有8岁。更令人悲伤的是，在仅仅几年之后，能够治愈牛顿所患疾病的抗生素就上市了。

1927年秋，格雷厄姆开始在哥伦比亚大学和纽约证券交易所学校（现纽约金融学院）任教，主讲证券分析课程。这门课程引起学生们极大的兴趣。在其他同学得知投资实践大师格雷厄姆会在其课程中介绍当前被低估的股票实际案例之后，1928年这门课程的上课人数激增。"我对这些（被低估的股票）情况的把握为我的课程带来了声誉，这些信息可以为前来上课的人真正带去滚滚财源。"

1928 年秋，选课的学生比前一年多很多，因为许多听过这门课程的人还要再来听一遍，希望能借此了解更多存在赚钱机会的股票。[54] 大卫·多德就是他早期的学生之一，格雷厄姆后来与多德一起编写了教材《证券分析》。他的另一名学生，后来也是他助理的欧文·卡恩在一段时间后写道："本非常喜欢讲课，以至他经常在下课后还会再待半小时甚至更长的时间来回答学生们有趣的问题。"[55]

1928 年年底，格雷厄姆购入美国最大的烟花制造商卓越制造公司的大量股份。该公司拥有大量现金且支付了大量股息，因此其股票价格非常便宜，每股仅为 9 美元，非常符合格雷厄姆的投资思路。所以，他为本杰明 – 格雷厄姆投资集团购买了该公司的 1 万股股票。该公司的其余股票由另一位大投资人伯纳德·巴鲁克购入。随后，卓越制造公司的董事长在股东大会上被投票罢免，投票选出的新任董事长为之前的副董事长汤姆·加迪纳，格雷厄姆被任命为主管财务的副总裁。

这份副总裁的工作为他带来了每年 6 000 美元的薪酬。作为这次行动的主要策划者之一，格雷厄姆后来为这件事感到抱歉："这个男人（前任董事长 E.V. 宾格勒）从未伤害过我，但这次行动结束了他的职业生涯。"[56]

> ### 附记 | 股票投资人、美国总统顾问伯纳德·巴鲁克
>
> 伯纳德·巴鲁克出生于 1870 年 8 月 19 日，是南卡罗来纳州卡姆登市一个富裕犹太家庭的二儿子。在纽约城市学院上完大学后，他开启了自己的股票投资生涯。31 岁时，他已经通过股票交易成了身家 300 万美元的大富翁。伯纳德·巴鲁克被誉为"华尔街无冕之王"。[57]

在 1929 年股市大崩盘前不久，伯纳德·巴鲁克向年轻的格雷厄姆伸出了建立合作关系的橄榄枝，然而格雷厄姆拒绝了。"虽然（这一邀请）意

味着莫大的荣誉——本刚刚做了一年，个人收益已经超过 60 万美元——但他仍然认为自己没有资格成为著名的伯纳德·M.巴鲁克公司的初级合伙人。"[58]

早在第一次世界大战之前，巴鲁克就担任过多位美国总统（威尔逊、罗斯福、丘吉尔、杜鲁门）的顾问。第二次世界大战结束后，他还参加了凡尔赛和平谈判，并在联合国原子能委员会担任美国代表。在此期间，他首次提出"冷战"概念。伯纳德·巴鲁克于 1965 年在纽约去世，享年94 岁。

1925 年至 1928 年，本杰明－格雷厄姆投资集团实现了 25.7% 的年平均回报率，超过道琼斯工业平均指数 5 个百分点。到 1929 年年初，该集团的资本规模已增至 250 万美元，其中大部分增长来自留存（未分配）利润。[59]尽管格雷厄姆预见到股市崩盘的巨大风险，但与伯纳德·巴鲁克不同，他仍然将大部分资金投入股票投资组合。无疑，这将是一个巨大的错误。"我们（格雷厄姆和巴鲁克）一致认为，股市涨得太高了，股民都疯了，受人尊敬的投资银行家也沉迷于这场巨大的狂欢，总有一天，这一切会以崩盘告终。"[60]

"黑色星期四"

（1929—1935）

> 我真是一个天才——当然，是在灾难发生前！[61]

20世纪20年代末的标志是持续性的牛市。道琼斯工业平均指数稳步上升，直到1929年9月达到近400点的最高位。

但随之而来的是从381点跌至只有41点的低位。这次崩盘始于1929年10月23日星期三，之后演变成一次全面的大萧条，一直持续到20世纪30年代中期（参见表3）。[62]

表3　本杰明 – 格雷厄姆投资集团、道琼斯工业平均指数、标准普尔 500 指数平均回报率对比（1929—1932）[63]

（单位：%）

年份	本杰明 – 格雷厄姆投资集团	道琼斯工业平均指数	标准普尔 500 指数
1929	–20	–15	–7
1930	–50	–29	–25
1931	–16	–48	–44
1932	–3	–17	–8
总回报率	–70	–74	–64

对于第一次股价的大幅下挫，本杰明 – 格雷厄姆投资集团还能相对较好地应对。"1929 年，我们的回报率是 –20%……几乎所有人都对我们 1929 年的业绩感到满意。"格雷厄姆在回忆录中写道，"因为没有遭受严重的亏损，我不止一次被称为'金融天才'。"[64] 然而，在经历了一段时期的小幅回升之后，道琼斯工业平均指数在 1930 年中期再次大幅下挫。没有调整投资组合的格雷厄姆在第二波股价大幅下挫的浪潮中遭到沉重打击。对此，他这样总结：

"尽管开局令人鼓舞，但 1930 年却是我 33 年职业生涯中最糟糕的一年……我们在 1930 年的亏损率达到了令人沮丧的 50.5%，1931 年，亏损率是 16%，但 1932 年这个数字只有 3%——这在某种程度上就是胜利……到 1932 年年底，我们只剩下 22% 的原始资本。"

　　股市的全面崩盘以及随后出现的大萧条给格雷厄姆带来了多方面的压力。他对自己的股东感到十分内疚。他的许多追随者都是他的亲朋好友。在亏损的这段时间里，他没有从本杰明 – 格雷厄姆投资集团的资本管理项目中收到任何分成，因此，他不得不依靠其他几个不那么丰厚的收入来源，比如当教师的课时费、担任董事的职务薪酬以及从事专家顾问工作所获得的报酬。

　　由于收入大幅减少，格雷厄姆削减了开支。他放弃了和家人刚刚搬进的高级住宅，搬到了一处便宜但也还算体面的住所。他不再乘坐出租车，而是选择坐地铁出行。用他自己的话说，他放弃了那些昂贵的餐前开胃菜。后来，他还辞掉了为母亲请的司机。1932年年底，他开启了一个可以给他带来额外收入的项目，对于这个项目，他已经计划了很长时间。他和助手大卫·多德签订了一份关于编写价值投资专业教材的出版合同。这本名为《证券分析》的图书后来在证券分析领域的地位堪比《圣经》。

附记 | 作家兼诗人

格雷厄姆从很小的时候就开始写作了。他在青少年时期写过各种各样的诗歌，还为中学的年鉴写过文章。华尔街职业生涯的初期，他还在《华尔街杂志》上发表过多篇文章。在1920年之前，该杂志的出版商加里·威科夫甚至还邀请他担任主编，待遇优厚，但是格雷厄姆最终婉拒了这个职位。

在20世纪30年代初期，格雷厄姆写了几部戏剧，其中一部作品《蓬巴杜宝宝》还在剧院进行了公演，然而反响平平。"简单来说，这部戏剧很失败。这部戏剧上演了一周，每场只有零星几位观众……周末就停演了……《蓬巴杜宝宝》是一次彻头彻尾的失败。"格雷厄姆在他的回忆录中写道。

与此相反的是，格雷厄姆根据自己的投资经验撰写的教科书《证券分析》（1934）和《聪明的投资者》（1949）取得了巨大的成功。几十年来，这两部著作被多次再版，并被翻译成多国语言在海外出版。

另外，格雷厄姆还提前为自己的葬礼写好了悼词，是一首短诗，翻译过来大致如下：

"这个人记住了很多其他人忘记了的东西，

忘记了很多每个人都记得的东西。

他长期学习，努力工作，经常微笑，

因美而坚强，因爱而束缚。"[65]

格雷厄姆对股市的长期低迷感到绝望。"最让我烦恼的不是财富的缩水，而是屡次在拐点出现之后又要经历的反复失望，长达数年的亏损和萧条所带来的不断折磨，以及对这段时期最终能否过去的不确定。"[66]

直到 1933 年年底，道琼斯工业平均指数才开始回升并稳定在 100 点左右。格雷厄姆与他的大投资人商定了一项新的分成规则。从 1934 年起，投资人不再享有亏损索赔权利，作为交换条件，格雷厄姆的利润分成最高不能超过 20%。格雷厄姆也将这项新规则通过信函的形式告知了其他小投资人。"除了一个人，所有的股东都同意并签署了新协议。唯一不同意的人是我的一个姐夫。1935 年12 月，之前所有的亏损都赚回来了，令我非常满意的是，我完全有能力按照原来的协议向这位姐夫结算利润。"[67]格雷厄姆带着强烈的讽刺意味这样说道。

1933 年，本杰明－格雷厄姆投资集团的年回报率再次超过 50%，终于实现了逆转，这让格雷厄姆松了一口气。对此，他这样说道："投资集团获得的丰厚利润让我欣喜若狂，这不仅意味着我自己那段经济困难的窘迫时期结束了，也意味着我整日为客户担忧的忧愁岁月结束了。此外，请我当专家顾问的人越来越多，这也为我带来了非常丰厚的额外收入。"[68]

格雷厄姆－纽曼公司

（1936—1956）

1936 年 1 月 1 日，格雷厄姆解散了以他的名字命名的投资集团。税务局认为，该集团是一个经济联合体，在税收方面应与其他公司同等对待。因此，在律师的建议下，格雷厄姆与他的员工兼合伙人杰尔姆·纽曼共同创立了格雷厄姆－纽曼公司。这是一家规模相对较小的投资公司，员工很少。根据公司的年报，该公司的业务重点是寻找价格远低于其内在价值的股票。此外，该公司还从事有价证券领域内的金融套利和对冲交易。[69] 在经历了 1929 年股市大崩盘的挫折之后，公司的重心是实现风险的最小化。"本的重点是以最小的风险来实现和保护他的预期收益。"[70] 格雷厄姆的员工沃尔特·施洛斯这样说道,他后来也成了一名价值投资者。

1938 年是格雷厄姆的个人生活发生重大变化的一年。在结婚 20 年之后,他与妻子黑兹尔最终选择离婚。一年后,他与情人卡罗尔·韦德结婚。两人于 1936 年在一次游轮旅行上结识。然而他的第二次婚姻也没有持续很长时间,对此,格雷厄姆曾经直言不讳地说:"1938 年,我与黑兹尔离婚,随后与卡罗尔·韦德结婚。卡罗尔·韦德很漂亮,但我无法和她一起生活。1940 年,我们离婚了。"[71]

附记 | 格雷厄姆和他的女人们

在相关资料中,格雷厄姆经常被描述成一位花花公子。他结过三次婚,前两次都以离婚告终。他的第一任妻子黑兹尔·梅热是一名舞蹈兼修辞学教师,第二任妻子卡罗尔·韦德是一名舞女,第三任妻子埃丝特尔·梅辛是他的秘书。

格雷厄姆也有过几次婚外情。在他生命的最后几年里，他一直与玛丽·露易丝·阿米格居住在一起，这位女士通常被称作玛露，是他已故儿子的前女友。格雷厄姆曾经这样评价自己："作为朋友，我还算不错，但是作为知己，我并不合格，另外，我必须补充一点，作为情人，我并不是一个让人愉快的人。"[72]

文学评论家、修辞学教授西摩·查特曼这样描述格雷厄姆与女性之间的关系："无论爱情是否愚蠢，把格雷厄姆看作花花公子都是错误的。他欣赏女性，喜欢与她们暧昧，虽然如此，但是在公众面前，他的举止一直都是合适而得体的。"[73]

格雷厄姆－纽曼公司虽然是一家规模较小的公司，但是其盈利能力很强。与涵盖了90家中小型公司的标准普尔90指数相比，格雷厄姆－纽曼公司在创立前6年的熊市期间收益要高得多。然而在1942年至1945年的牛市期间，这家投资公司的收益仅略微超过标准普尔90指数（如表4所示）。

表4 格雷厄姆-纽曼公司、标准普尔90指数平均回报率对比[74]
（单位：%）

时期	格雷厄姆-纽曼公司	标准普尔90指数
1936—1941	+11.8	-0.6
1942—1945	+26.3	+26.3
总回报率	+17.6	+10.1

在道琼斯工业平均指数1946年达到212点的最高点后，格雷厄姆卖出了大部分普通股，获利离场。在这段时期，辨别和购买格雷厄姆钟爱的低估值小盘股变得越来越困难。"那段时间，格雷厄姆选择从市场中全身而退，等待一切再次走上正轨。1946年9月，道琼斯工业平均指数大幅下跌，小盘股的股价也遭受了极其严重的下跌。"[75]格雷厄姆-纽曼公司的证券分析师沃尔特·施洛斯这样说道。

在格雷厄姆-纽曼公司20年的历史中，格雷厄姆最大手笔的一次投资就是购买了政府雇员保险公司的多数股权。1948年，格雷厄姆获得了这家成立于1936年，最初从事机动车保险业务的公司的多数股权。政府雇员保险公司直接通过邮政信件销售保单，因此无须为大量销售人员支付高额奖金。

除此之外，这些机动车保单仅向公共服务部门的工作人员（政府雇员）提供。对保险公司来说，这个客户群体的风险相对较低，因为统计数据显示，这一群体提交的理赔申请数量比其他群体少。政府雇员保险公司的销售宣传中的相关数据看起来也非常有前景，因此，格雷厄姆斥资72万美元购买了政府雇员保险公司的股票。这个资金量几乎相当于格雷厄姆－纽曼公司全部资产的1/4，这也是该公司当时最大的一笔投资。政府雇员保险公司在美国证券交易委员会的敦促下上市之后，格雷厄姆和纽曼进入了这家公司的管理层。它的股价在之后几年里表现出色，对此，格雷厄姆说："后来，我们政府雇员保险公司在股票市场上的总市值超过了10亿美元。这真是一段非凡的历史。"[76]

在第二次世界大战结束后的几年里，美国股市经历了一段很长时间的牛市。道琼斯工业平均指数从 1949 年的 150 点左右上涨到 1956 年的 500 点。然而，对本杰明·格雷厄姆这样一直在寻找低估值小盘股的投资者来说，这种长期上涨的牛市是无趣的。"在业务开展过程中，我们没有遇到任何实际问题。因此我逐渐感觉有点儿扫兴。1950 年之后，我们再也没有遇到过任何挑战。"[77] 格雷厄姆这样说道。

因此，格雷厄姆在 20 世纪 40 年代末至 50 年代初这段时期，选择更多地将自己的时间投入股票市场以外的活动。他致力于推动证券分析师职业的专业化。在成立于 1947 年的金融分析师协会第一届年度大会上的讲话中，他呼吁为证券分析师判定专业标准并设置职业考试。不久，他在这次大会上的讲话被发表在《金融分析师》杂志上。

1949 年，格雷厄姆出版了他的第二本畅销书《聪明的投资者》[78]，该书在接下来的几年里又经过多次修订和再版。之后，他再次修订了《证券分析》，该书第三版出版于 1951 年。在 1951 年至 1953 年期间，格雷厄姆还担任了纽约犹太盲人协会主席。

附记 | 格雷厄姆和宗教

格雷厄姆来自一个正统的犹太家庭。但是在 13 岁举行了成年礼（宗教意义上的成年）之后，他越来越远离了自己曾经信仰的宗教。"不久之后，我失去了自己的信仰……随着年龄的增长，犹太教的习俗和仪式在我身上体现得越来越少，并且最终完全从我的生活中消失了。"[79] 格雷厄姆在他的传记中写道。

即使格雷厄姆脱离了犹太教的仪式，晚年的他也清楚地牢记着自己的出身。正因如此，他一开始拒绝了他最好的学生——沃伦·巴菲特的求职申请，理由是巴菲特不是犹太人。"他（格雷厄姆）只是说：你看，沃伦，华尔街的大型投资银行现在仍然不雇用犹太人。因为我们这里只能雇用很少的人，所以我们只雇犹太人……我可以理解他。"[80]沃伦·巴菲特这样说道。格雷厄姆担任纽约犹太盲人协会主席也是出于他对自己的犹太血统的认同。

在投资者的要求下，20世纪50年代初，一只名为纽曼-格雷厄姆两合公司的新基金成立了。该基金的初始资本为257万美元，投资门槛为5万美元。在1954年，该基金的资本管理规模就已经达到600万美元，与格雷厄姆-纽曼公司相当。[81]

在1951年格雷厄姆拒绝了沃伦·巴菲特求职申请的3年之后，他决定亲自邀请巴菲特担任证券分析师一职。"本写信说，回来吧。"[82]毕业后已经回到内布拉斯加州奥马哈的巴菲特没有犹豫太久，就登上了飞往纽约的航班。1954年8月2日，在正式开始工作前的一个月，他出现在格雷厄姆-纽曼公司的新工作岗位上。

沃伦·巴菲特于1930年8月30日出生于内布拉斯加州的奥马哈。他曾在费城、林肯和纽约的大学学习公司金融学。在纽约，他还学习了格雷厄姆和多德关于证券分析的课程。在完成大学学业后，他向格雷厄姆－纽曼公司提交了求职申请，然而并没有成功。在申请被拒后，他回到家乡奥马哈，在那里做了3年的独立股票经纪人。

在此期间，他与本杰明·格雷厄姆保持着频繁的书信往来。当1954年收到来自纽约的证券分析师的工作邀请时，他感到非常高兴。然而，格雷厄姆在两年后关闭了他的公司，巴菲特又回到奥马哈。他创立了几只基金，并作为合伙人一直运营到1969年。

从1970年起，他将前身为纺织公司的伯克希尔－哈撒韦公司打造成一家投资控股集团。如今，伯克希尔－哈撒韦集团旗下拥有70多家子公司，其中包括鲜果布衣、金霸王、政府雇员保险公司和冰雪皇后等知名公司。除此之外，伯克希尔－哈撒韦集团还持有许多其他知名公司的股份。

沃伦·巴菲特被认为是有史以来最成功的价值投资大师。数十年来，他一直在《福布斯》全球富豪排行榜上位列前十。巴菲特在投资中成功地运用了格雷厄姆所提出的价值投资策略，同时，他也在不断地适应时代变化的新要求。

当时的格雷厄姆－纽曼公司只是一家小型投资公司，共有 8 名员工，包括秘书和总经理。所有员工都穿着像实验室工作服一样的灰色外套。"当同事把我的外套递给我时，我感觉这真是一个伟大的时刻。我们所有人都穿着这样的外套。本穿着，纽曼也穿着。身穿灰色外套的我们都是平等的。"[83]巴菲特回忆道。

格雷厄姆－纽曼公司专门研究那些"交易价格不到净资产 1/3 的不知名的小公司的股票——换句话说，这些公司的股票是非常便宜的。"[84]格雷厄姆把这样的股票称为"烟蒂",因为它们就像烟蒂一样因被抽过而遭到丢弃。但其实它们里面还剩下一些烟草,格雷厄姆－纽曼公司就专门研究这些还可以被"最后抽一口"的股票。

格雷厄姆－纽曼公司的员工负责在穆迪和标准普尔的普通股市场上搜寻这样的烟蒂,然后将所找到的公司代码填写在设计好的表格上,由格雷厄姆和纽曼决定是否要弯下腰来捡起。格雷厄姆－纽曼公司购买了很多这样的股票,其中一些股票是小批量购买的,总价在 1 000 美元以下。然而,巴菲特并不喜欢这种高度多元化的投资策略。"当听到'多元化'这个词时,他翻了个白眼。"[85]

附记 | 格雷厄姆－纽曼公司的持股情况

在 1955 年致股东的信中,格雷厄姆披露了格雷厄姆－纽曼公司截至 1954 年 1 月 31 日所持有的股票情况,分布如下:

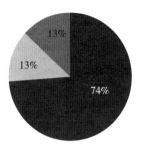

■普通股　□优先股　■债券

图1　格雷厄姆-纽曼公司的持股分布（截至1954年1月31日）

截至 1954 年 1 月 31 日，该公司近 3/4 的资产投资于普通股。按行业划分，这些普通股的分布情况如下：

2 家控股公司。

7 家铁路公司。

3 家供应商。

1 家银行。

70 家规模较小的工业企业，其中大部分如今已经被大众遗忘。

巴菲特之前以为他在格雷厄姆－纽曼公司的工作会十分令人兴奋，然而实际情况却是，格雷厄姆总是与员工有很强的距离感。根据巴菲特的说法，格雷厄姆"身上有某种保护罩。每个人都喜欢他、钦佩他，喜欢待在他周围……但是没有人能接近他"。[86] 巴菲特不喜欢格雷厄姆害怕风险的投资策略。1955 年 1 月 31 日，该公司仅拥有 500 万美元的股权资产，并没有太大的投资操作空间。

尽管如此，巴菲特还是做得很好。一年半之后，格雷厄姆和纽曼已经把他视为未来的合伙人了。巴菲特的传记作者艾丽丝·施罗德这样说道："巴菲特在格雷厄姆 – 纽曼公司的出色表现使他成为公司中深受喜爱的金童。"[87]

然而，巴菲特最终并未成为格雷厄姆 – 纽曼公司的合伙人，因为格雷厄姆和纽曼在 1956 年决定解散这家公司和几年前成立的纽曼 – 格雷厄姆两合公司。格雷厄姆不愿继续在股票市场中拼搏，选择在 62 岁时回归家庭生活。

格雷厄姆的投资成就令人惊奇，正如西摩·查特曼在格雷厄姆回忆录的引言中着重介绍的那样："(格雷厄姆）实现了 17% 的年平均回报率，虽然不如名单上的其他人高（根据《华尔街日报》1995年 8 月的一篇文章），但是要知道，他这样的成绩是在 1929 年至 1956 年间做到的，这期间他经历了前所未有的股市大崩盘和经济大萧条。"[88]

退而不休的生活

（1956—1976）

在结束了自己的投资职业生涯后，格雷厄姆离开了他在纽约的大本营，和他的妻子埃丝特尔、儿子小本杰明一起搬到了位于加利福尼亚州的贝弗利山庄居住。在那里，他遇到了后来成为伯克希尔 – 哈撒韦公司副总裁的查理·芒格。

附记 | 查理·芒格和本杰明·格雷厄姆

芒格住在与格雷厄姆相距 30 公里的帕萨迪纳。他们二人有很多共同点。"格雷厄姆和芒格的相似之处多到令人感到惊讶，"芒格的传记作者珍妮特·洛伊这样说道，"他们俩的偶像都是本杰明·富兰克林。富兰克林、格雷厄姆和芒格三个人的长子都因为疾病离世，而这些疾病在不久之后都可以被治愈。格雷厄姆和芒格都具有充满讽刺性的幽默感，二人都对文学、科学以及伟大思想家的学说有着浓厚的兴趣，并且都喜欢引经据典。"[89]

虽然查理·芒格认为格雷厄姆创造的价值投资理论非常正确，但是他并不认同格雷厄姆所提出的烟蒂投资策略。"本杰明·格雷厄姆（的理论）有盲点。他忽略了一些公司是值得以高附加费用（与其内在价值相比）来购买的。"[90]

芒格还是"格雷厄姆社"的创始人之一[91]。该社会定期组织活动，让背景各异的价值投资支持者齐聚一堂，交流观点和看法。该社的第一次聚会于1968年在圣迭戈湾的戴尔·科罗纳多酒店举行，颇具传奇色彩。参与者是当时的各路投资巨头，包括沃伦·巴菲特、比尔·鲁安、汤姆·克纳普、沃尔特·施洛斯、亨利·勃兰特、桑迪·戈特斯曼、马歇尔·温伯格、埃德·安德森、巴迪·福克斯、杰克·亚历山大和本杰明·格雷厄姆。

在搬到贝弗利山庄后不久，格雷厄姆被聘为加州大学洛杉矶分校商学院的金融学副教授。他在那里教了 15 年课，没有收取任何报酬。在此期间，格雷厄姆还发表了多篇论文，出版了多部著作。1957 年，他开始撰写自己的回忆录。1962 年，他出版了自己经过第四次修订的《证券分析》。

71 岁时，格雷厄姆辞去了政府雇员保险公司的董事职务。一年后，他和伴侣玛露搬到位于加利福尼亚州圣迭戈附近的拉霍亚。他们每年在拉霍亚居住几个月，剩下的时间在玛露位于普罗旺斯地区艾克斯的房子里度过。在去世前不久，格雷厄姆获得了金融分析师协会授予的最高荣誉——莫洛多夫斯基奖。

1976 年，身体状况不佳的格雷厄姆与来自夏威夷的投资人詹姆斯·比沙南·雷亚共同创立了雷亚－格雷厄姆基金。该基金按照有限合伙的组织形式运行并且向个人投资者开放。在该基金成立之后，格雷厄姆去了法国。当他到达普罗旺斯的艾克斯时，他在信中给他的学生沃伦·巴菲特写了以下几句话："我的健康状况很糟糕，所以玛露现在要担任我的护士兼秘书。（这两份工作她都做得很棒！）我不知道我们何时，或者我是否还能回到加利福尼亚。祝你一切顺利。——本。"[92] 两周后，格雷厄姆在睡梦中平静地去世了，享年 82 岁。

总体来看，我过着一种幸福的生活，然而或许我还没有感受到足够的激情。我从来都不是一个真正的美食家，也可以说，我从未真正学会欣赏自然或发现生活中的美。[93]

第二部分

本杰明·格雷厄姆的
投资业绩

格雷厄姆在纽约证券交易所担任独立基金经理的时间长达34年，并且取得了非常辉煌的业绩。除了"黑色星期四"之后的4年金融危机时期（1929—1932），他在整个股票投资生涯中都获利颇丰。在绝大多数年份里，他的收益高于道琼斯工业平均指数和标准普尔指数。

1925年至1928年，在格雷厄姆的领导下，本杰明-格雷厄姆投资集团实现了25.7%的年平均回报率。在1929年股市大崩盘和之后出现的大萧条中，该集团虽然也遭受了巨额亏损，但仍略好于道琼斯工业平均指数的整体表现。

当 1933 年市场情况好转时，该集团当年即获得超过 50% 的回报率。

此后，格雷厄姆 – 纽曼公司在格雷厄姆的领导下取得了持续性的盈利。1936 年至 1945 年，这家公司的年平均回报率为 17.6%，远高于同期涨幅仅为 10.1% 的标准普尔 90 指数。

在第二次世界大战结束后，格雷厄姆 – 纽曼公司实现了快速发展。然而，在 1955 年至 1956 年的牛市行情中，该公司的投资回报率却显著下降。正如前文提到的那样，在这段时期，格雷厄姆逐渐对股市失去了兴趣。

第三部分

本杰明·格雷厄姆的
投资策略

取得令人满意的投资业绩比大多数人想象的要容易。然而，取得卓越的成就比看起来更难。[94]

与其他大多数投资者不同，本杰明·格雷厄姆毫不隐瞒自己的投资策略。早在 20 世纪 20 年代，他就在纽约哥伦比亚大学讲授证券分析课程。该课程的特别之处在于，格雷厄姆每天会用最新的股票市场真实案例来证明他的投资策略。

因此，许多股票经纪人也报名参加了他的课程，他们在下课后直接将格雷厄姆的投资策略付诸实践。遗憾的是，我们今天没有机会再听格雷厄姆讲课了。不过，格雷厄姆很早就已经开始在他的两本著作中总结这些策略了，这两本著作如今仍然具有十分重要的现实意义。

1934 年，格雷厄姆与他的助手大卫·多德一起撰写并出版了第一版《证券分析》，该书被誉为价值投资领域的《圣经》，第六版于 2008 年出版。在序言中，有史以来最成功的投资者沃伦·巴菲特用以下文字表达了对这部证券分析领域伟大著作的赞誉："（本和大卫）绘制出了一幅投资路线图，这幅路线图是 57 年来我一直遵循的宝典。有了这幅图，我就不再需要去寻找其他路线图了。"[95]

1949 年，格雷厄姆的第二部教科书般的著作《聪明的投资者》出版。这部作品也被翻译成不同的语言，多次再版。在沃伦·巴菲特看来，《聪明的投资者》即使在今天也可以被当作一份最新的投资者指南："在这样一个图书出版几周或者几个月后，许多事情就会变得过时的领域，格雷厄姆的策略却一直有效。而且这些策略比以往任何时候都更有价值，意义也更为深刻，尤其是在金融风暴席卷市场，波及众多普通投资者的今天。他的这些可靠的建议为追随者带来了丰厚的收益，包括那些没有超强天赋的人，以及那些因为遵循其他听起来更'现代化'的建议而跌倒过的人。"[96]巴菲特建议投资者首先要遵循格雷厄姆关于市场波动和安全边际的建议。

重视真正的价值
——价值投资策略

普通股价值的真正衡量标准不仅可以在价格变动中找到，也可以在与利润、股息、未来前景等因素相关的变化趋势中找到，还可以在内在价值中找到。[97]

根据格雷厄姆的观点，"你不应该随便买一只猫"的生活智慧也适用于购买股票。他给投资者最重要的建议之一就是，应该在买进之前仔细研究感兴趣的公司及其股票的内在价值。

但是，投资者如何才能知道某只股票及其所属公司的内在价值？格雷厄姆尝试回答了这个问题。

在《聪明的投资者》一书中，他对股票内在价值的评估标准进行了界定："一只股票之所以可以成为一笔合理的投资，不仅在于投资者要在接近资产价值时买入。投资者还要考虑合理的市盈率、足够好的财务状况以及至少可以持续几年的利润前景。"[98]

决策标准 1：资产价值

一家公司的资产情况体现在其资产负债表的资产一栏。格雷厄姆将资产等同于公司的账面价值。也就是说，他将资产限定为有形资产。无形资产，例如商誉、品牌、专利和特许权则不考虑在内。[99]

在这种情况下，每股资产或每股账面价值可以由以下公式计算得出：

$$每股资产 = \frac{普通股 + 留存利润 - 无形资产}{流通股数}$$

如果每股资产或每股账面价值接近股价，那就说明这只股票可以买入。

决策标准 2：市盈率等基本面数据

此外，对于在哪里可以找到市盈率、股息率等与公司财务状况和前景相关的数据，格雷厄姆也做出了回答。

他建议投资者要经常"阅读公司的年度报告，了解公司的经营状况，从而对所持股票的价值建立自己的认识"。[100]

实用建议 | 阅读公司年度报告和经济新闻

我们通常可以在一家公司的官网上找到它的年度报告。大部分往年的年度报告可以在线查阅，并且通常还可以下载 PDF 格式的文件。另外，我们可以联系公司的投资者关系部门。工作人员会很乐意将公司的年度报告发送给投资者和对公司感兴趣的各方。

投资者需要注意的是，不仅要下载或订阅公司当年的年度报告，而且至少要查看它之前 3 年的年度报告。只有这样才能比较出不同年份之间

的公司盈利情况。

　　此外，你还要检查之前的年度报告宣布的措施是否都已经（成功）实施。

　　除了分析公司年度报告，你还需要阅读新闻类或经济类报纸（例如《证券报》《商报》《法兰克福汇报》）的商业版面。这些位置会定期出现大型上市股份公司的商业活动报道，例如季度数据、收购或产品研发情况。此外，你还可以通过订阅公司和（或）股票市场的资讯来了解最新的相关动态。

　　通过一系列财务指标，你可以判断出一家公司是否具有投资吸引力。这些指标包括：

　　市盈率。使用最广泛的股票估值指标之一，可以体现出公司以利润形式实现其股票当前价格所需的年限。从历史数据看，德国 DAX 股票指数中的公司股票平均市盈率低于 15 倍。

市盈率 = 每股股价 / 每股收益

　　示例：每股股价 100 欧元，每股收益 5 欧元。

市盈率 =100 欧元 /5 欧元 =20

一个非常简单的决策标准是：市盈率低于 15 倍且业务发展稳健的公司的股票就可以视为便宜的股票。

（注意：在亏损经营的情况下，市盈率是没有意义的。在这种情况下，市现率可以作为衡量标准，下文将详细介绍。）

实用建议｜做投资决策前，先计算几个市盈率值

一方面，要以过去一个财政年度公司所取得的每股收益作为基础，计算出一个市盈率值。优点：这个数值是基于公司实际情况的。缺点：原则上，这个数值已经过时了，因为股市交易的其实是公司的未来。另一方面，要以当前财政年度的预期每股收益为基础，计算出一个市盈率值。优点：对股价走势来说，当前的市盈率比过去的更重要。缺点：这只是一个预估值。如果可以计算出一家公司长期的多个市盈率值，就能更好地了解该公司目前在股票市场上的评级是过高还是过低。

股息收益率。一个财务指标，表示股份公司的股息与股价之间的关系。德国 DAX 股票指数中的公司，其股票的股息收益率通常在 0 到 5% 之间。

股息收益率 = 每股股息 / 每股股价 ×100%

决策标准：股息收益率越高，这家公司越有投资吸引力。

实用建议 ｜ 不要只关注当前的股息收益率

股息收益率存在即时性效应，一家公司某一年度的股息可能特别高，也可能特别低。理想的长期投资是投资一家股息派发稳定（可以预见）且尽可能会定期增加的公司。这里还建议投资者要进行为期多年的比较，以便更好地了解公司和股票的情况。这种方法几乎适用于所有关键数据。

自有资本比率。一种体现公司自有资本与总资本之间比例的财务指标。它可以显示公司资本结构以及信誉状况的相关信息。自有资本比率与公司所

处的行业有着密切的关系。德国公司的平均自有资本比率目前约为 30%。

自有资本比率 ＝ 自有资本 / 总资本 ×100%

决策标准：自有资本比率越高，公司越稳定。

自有资本收益率。一个重要的财务指标，也称自有资本回报率，它可以提供有关公司自有资本在特定期间的收益情况的信息。

自有资本收益率 ＝ 利润 / 自有资本 ×100%

决策标准：自有资本收益率越高，公司的盈利能力越强。

实用建议｜综合利用财务指标

尤其要注意的是，必须将自有资本与自有资本收益率相结合，才能做出有说服力的评估。理想情况是，一家公司拥有大量的自有资本且拥有很高的自有资本收益率，这表明该公司具备持续保持高收益的能力。

投资收益率。一种财务指标，代表公司所使用的全部资本（包含自有资本与外部资本）的收益率。10% 的投资收益率意味着一家公司每使用 100 欧元的资本就能获得 10 欧元的利润。

投资收益率 =（利润 + 外部资本收益）/

总资本 × 100%

决策标准：投资收益率越高，这家公司越值得投资。

市净率。一个用于评估公司资产情况的财务指标。该指标尤其经常被沃伦·巴菲特和本杰明·格雷厄姆等价值投资大师使用，用于评估股票以及公司的价值。

市净率 = 每股股价 / 每股账面价值

决策标准：市净率越低，股票越便宜。

实用建议｜注意检查公司的经营状况

如果股票的市面价格远低于公司的账面价值或内在价值，那么购买这样的股票无疑是理想的选择。然而需要注意的是，在买入前要检查公司的经营状况是否健康。如果一家公司处于亏损状态或者从事的是一个没有发展前景的行业，对其内在价值进行折减就是合理的。在这种情况下，购买这样的股票并不是一个理想的选择。

市现率。一种以流动性为导向的财务指标，特别是当所分析的公司发生亏损时，这一指标可以用来代替市盈率。因为在亏损的情况下研究市盈率是没有意义的。

市现率 = 每股股价 / 每股现金流

决策标准：市现率越低，股票越物美价廉。

市销率。一个也可以专门用于评估亏损公司的股票的财务指标。同时，市销率也是周期性股票的常用评估标准——例如工业公司、批发商和原材料生产商的股票。

市销率 = 每股股价 / 每股销售额

决策标准：与同行业的其他公司相比，市销率较低的公司被认为更具吸引力。

实用建议 | 在互联网上查询财务数据

　　你不必非得通过公司的资产负债表亲自计算财务数据，在各种金融机构的网站上以及股市的门户网站上也可以找到这些信息。

　　在运用价值投资策略搜索合适的股票时，这些信息构成了初级的筛选条件。然而，在做出买入决策之前，你应该将这些数据与原始数据来源（公司的年度报告）进行比对，因为免费网站的数据库可能存在错误。此外，你在购买时还要考虑安全边际，这是因为，"安全边际的作用本质上是为了不再需要对未来做出准确估计"。[101]

财务指标的整合与比较

　　为了弄清楚前面提到的这些财务指标，你可以创建一个表格，输入你所挑选的股票和相关指标。

比如，这个表格可以像表5这样设计：

表5 财务指标表格范例

	阿迪达斯（Adidas）	拜耳（Bayer）	意昂（E.ON）	思爱普（SAP）	杜尔（Dürr）	莱尼（Leoni）
x年x月x日的股价（美元）	172.05	108.22	9.24	96.44	110.35	64.14
每股账面价值（美元）						
2016年	32.12	38.57	0.53	21.47	23.40	27.75
2015年	28.30	30.77	8.21	18.94	20.15	30.44
2014年	27.52	24.45	12.29	15.88	17.78	28.04
市盈率						
2016年	29.60	18.20	—	27.20	14.90	107.20
……						
市净率						
2016年	4.67	2.70	−12.71	3.86	3.36	1.16
……						
市现率	22.44	9.93	2.53	21.98	11.96	6.46
……						
每股股息（美元）	2.00	2.70	0.21	1.25	2.10	0.50
……						

从可以管理过来的股票数量开始进行分析。重点关注稳健的股票指数。你还要在财务指标表格或决策管理系统中添加前几年的数据。根据上面所提到的决策标准评估这些数值。

说明：上面介绍的用于确定股票或公司内在价值的方法来自格雷厄姆的著作《聪明的投资者》，我们在此基础上进行了更符合时下市场情况的调整。在著作《证券分析》中，格雷厄姆展示了如何根据过去 10 年的平均每股收益计算一家公司的内在价值。然而，他也承认，以这种方式计算的内在价值只是一个近似值。"但是这种方法用于确定股票的内在价值对投资者来说已经完全足够了，它可以帮助你判断一只股票是否具备足够的价值保护、价格是否合理，以及内在价值是否明显低于或高于当前的市场价格。"[102]

内在价值是一个存在波动范围的近似值，因此它不能作为买入标准。在这种情况下，格雷厄姆提出了安全边际的概念。"所有经验丰富的投资者都知道，安全边际策略对挑选优质的债券和股票来说是至关重要的。"[103] 根据格雷厄姆的观点，安全边际应该在 20% 到 30%。因此，如果一只股票的内在价值加上安全边际后比市场价格（股价）高出20% 至 30%，或者与市场价格相同，那么这只股票就非常具有投资价值。

关注风险控制
——多元化策略

> 多元化是保守型的既定原则。如果投资者总体上接受这一点，那么这也表明他认可与多元化相伴而来的安全边际原则。[104]

格雷厄姆是多元化策略的倡导者，也就是说，他管理的投资组合包含很多只股票。在 1954 年所写的致股东的信中，他向股东们介绍了自己的投资组合，其中包括 70 只普通股，主要是一些规模较小的公司。

多元化的目标是将亏损风险分散到许多股票上。以这种方式，一只股票的亏损可以由投资组合中其他股票的盈利来弥补。"即使有安全边际，对投资者来说，单只股票也可能表现不佳……但如果增加购买的股票种类，那么盈利总和超过亏损总和的可能性就会增加。"

实用建议 | 广泛分散风险或集中投资少数几只优质股票

正如格雷厄姆明确指出的那样，多元化是保守型投资的一项原则。然而由于资金有限，有时投资者只能购买不同公司的少数几只股票。在这种情况下，沃伦·巴菲特和查理·芒格等价值投资专家提出了其他投资方法，他们放弃广泛的多元化投资，将更多资金投资于他们认定的优质公司。然而，这也相应地会带来更高的风险，因此你应该对这少数几家公司的发展情况非常有把握。例如，你可以通过使用格雷厄姆的保守型投资策略，设置更大的安全边际来做到这一点。

说明：正是在多元化问题上，格雷厄姆最成功的继任者沃伦·巴菲特和查理·芒格与他们的老师持有不同观点。与格雷厄姆相反，他们以非常有针对性的方式将大量资金投资于有前景的股票，避免让自己的投资组合过度多元化。

别让市场把你逼疯

——逆流而上策略

在华尔街取得成功有两个前提条件。第一，你必须正确思考，第二，你必须独立思考。[105]

即使是一名聪明的投资者也需要拥有强大的内心，只有这样才能做到不被潮流裹挟。[106]

格雷厄姆认为，一名优秀的投资者不应受到价格波动的影响而被迫进行交易。根据价值投资策略，购买股票的投资者不必对价格波动做出反应。"从根本上看，价格波动对真正的投资者来说只有一个意义，即给投资者传递消息。当价格大幅下跌时，是买入的好机会，而当价格大幅上涨时，则是卖出的好机会。除了这些，你最好忘记股票的价格，更多地去关注公司的股息率和经营业绩。"

为了更清楚地说明这种关联，格雷厄姆举了一个"市场先生"的例子。通过这个生动而形象的例子，他解释了一个明智的投资者应该如何应对价格波动。"市场先生"每天都会出来告诉你，你的股票以及其他股票值多少钱。有时他提出要购买你的这些股票，有时他又提出要购买你的那些股票。他的报价有时是合理的，然而有时又会高得离谱或低得离谱。最后，格雷厄姆提出了一个关键性问题："你会被这位'市场先生'发来的日常消息影响吗？当然，只有当你赞同他或者想和他进行交易时，你才会被影响。如果你能高价卖给他，你就会感到高兴，如果你能低价从他手中买入，你也会感到高兴。那么，你最好平时就去查阅公司的年度报告，关注公司的经营活动，从而对你所持有的公司股票价值形成自己的理解。"[107]

如果你投资的是之前根据价值分析筛选出的股票，它们的价格波动对你来说可能就无所谓。一艘坚固的船是由优秀的船员驾驶的，它会穿越每一个波谷。而在每一个波谷之后，它都会迎来另一个波峰。

不要盲目信任"专家"

——独立分析策略

> 我对专业的分析师（更不用说普通的投资者）具备可以找到收益率高于平均水平的股票的能力这件事几乎没有信心。[108]

格雷厄姆对分析师或"预测专家"的观点并不在意。原因在于，他根据上述买卖股票的价值分析标准形成了自己的判断。此外，他还认为股票预测过于泛滥。"投资者很难认真对待每天发布的众多预测，甚至过多的预测还会令人产生质疑。"[109] 在他看来，预测者不是为了投资者的利益和福祉，主要是为了赚钱。"毫无疑问，有些人在这方面浪费了很多脑力，但也凭借分析股票赚了很多钱。然而，要我相信普通大众可以从这些预测中受益，那是完全不可能的。"[110]

实用建议 | 亲自动手做好分析

虽然照搬别人的推荐或预测看起来非常方便，但是这样的推荐和预测信息实在是太多了。你如果想照搬所有的建议和预测，就不得不给投资组合添加进大量（表现也许只是相对稳健的）股票。

因此，不要盲目跟从预测，而是要相信自己的价值分析结论。

相信自己的眼光

——烟蒂投资策略

> 在路上捡到的只能再抽一口的烟蒂，从吸烟的角度来说，其实并没有多大价值，然而"捡便宜"的心态让抽这口烟变成一种成功。[111]

这句话不是本杰明·格雷厄姆说的，而是出自他的学生、员工——沃伦·巴菲特之口。在格雷厄姆-纽曼公司任职期间，巴菲特就曾被格雷厄姆要求去寻找这种还可以"最后再抽一口"的股票。格雷厄姆本人早年曾经在股票市场上买进了大量此类股票。其中的一个例子就是堪萨斯—密苏里—得克萨斯铁路公司的股票，这只股票也被亲切地称为凯蒂股。它虽然只是一只价格低廉的股票，但格雷厄姆极力推荐他的老板买进。"过了一会儿，纽伯格先生听说了这件事。他似乎对办公室里的一切，包括每个人都了如指掌。他把我叫到他的办公室，给了我一支像样的雪茄。"[112]

在 20 世纪 20 年代，上市公司隐藏资产的情况还很普遍。然而，随着媒介的发展以及公众对上市公司信息披露程度的要求越来越高，通过这种烟蒂型公司获利的可能性越来越小。在现代化信息时代，"通过发现烟蒂来享受最后一口"的可能性几乎不存在了。

同样的情况还有套利交易，格雷厄姆在他的投资活跃时期经常进行这种交易。在这些交易中，他充分利用了时间和（或）空间上的价格差。比如，同一只股票在多家证券交易所上市交易，如果交易价格不同，投资者就可以在价格较为便宜的证券交易所买进，然后立即在价格较高的证券交易所卖出。其中一个典型的例子就是格雷厄姆在 20 世纪

20年代初从事的日本债券套利交易。"由于法郎和日元之间的汇率关系，这些债券在巴黎交易时的面值存在着巨大的溢价空间，即使考虑到高昂的经纪成本，日本投资者在买进它们后，也存在较大的利润空间。"[113]

实用建议 | 信息时代，证券交易所很少派发礼物了

　　烟蒂投资策略，即购买一家濒临倒闭但其资产仍高于当前市值的公司的股票，在今天看来具有较高的风险性。在互联网或股票行情收录机尚未发明的信息十分闭塞的年代，烟蒂投资策略可能对一些投资者来说很管用。但是现在，这种策略已经适应市场的发展现状，它只适合风险承受能力强的投资者在某些情况下使用。

　　如果你在分析公司的过程中恰巧发现了这样的"烟蒂"，你应该问问自己，你是否真的拥有信息优势。比如，它可以来自你所在地区的小型上市公司，或者来自一个你非常看好的行业领域。然而，在99%的情况下，这种信息优势是并不存在的。对此我们的建议是：远离这些股票！这个建议同样适用于套利交易。由于市场透明度的不断提高，"烟蒂"与套利交易机会会越来越稀少。

说明：格雷厄姆很早就意识到，第二次世界大战结束之后，烟蒂投资策略和套利交易的时代已经结束了。这也是他在 62 岁时选择退出股票市场的原因之一，而他的得意门生沃伦·巴菲特改进了这种价值投资策略，并且凭借这种策略的改良版在80 多岁的高龄仍然活跃在股票市场中。

格雷厄姆最后的嘱咐

——10 条选股原则

在生命的最后几年里，本杰明·格雷厄姆提出了 10 条可靠的、基于价值投资策略的选股原则。理查德·费伦在《福布斯经典投资故事》[114] 中将这些原则命名为"格雷厄姆最后的嘱咐"。这 10 条原则具体如下：

1. 回报率至少应该是一级（AAA 评级）债券平均回报率的 2 倍。

2. 市盈率至少应该是过去 5 年同类股票最高平均市盈率的 0.4 倍。

3. 股息收益率至少应该是一级（AAA 评级）债券平均回报率的 2/3。

4. 每股股价不应超过每股资产（或有形资产）账面价值的 2/3。

$$每股资产 = \frac{普通股 + 留存利润 - 无形资产}{流通股数}$$

5. 每股股价最高不应高于每股净流动资产的 2/3。

每股净流动资产 = 每股流动资产 - 每股流动负债

6. 总负债应小于资产（或有形资产）账面价值。

7. 流动比率不应小于 2。

$$流动比率 = \frac{金融资产 + 有价证券 + 应收款项 + 其他资产 + 库存}{短期负债}$$

8. 总负债不应大于净流动资产的 2 倍。

9. 在过去的 10 年里，利润应实现翻番。

10. 公司应该有稳定的利润，也就是说，在过去 10 年里，利润下降幅度不应超过 5%，且下降幅度在 5% 以内的次数不应超过 2 次。

这 10 条原则已经过科学验证，然而并不是每一条都需要遵循。经济记者珍妮特·洛伊建议投资者根据自己的投资策略，在选择股票时合理运用上述原则：

更重视固定收益的投资者应注意第 1 条至第 7 条（尤其是第 3 条）。

认为安全性和增长性同等重要的投资者应关注第 1 条至第 5 条，以及第 9 条和第 10 条，同时要放弃第 3 条。

想要追求较高收益的投资者应特别注意第 9 条和第 10 条，放松对第 4 条到第 6 条的要求，并且放弃第 3 条。[115]

清单

**像本杰明·格雷厄姆
一样投资**

1 刚进入股票市场的投资者，可以从知名股票指数中选择 20 只到 30 只股票来"练练手"。注意，需要选择不同行业的公司的股票。

2 从网上获取市盈率、市净率、市现率、股息收益率等指标的相关背景信息，并在表格中将数值记录下来。

3 通过表格式分析评估所选股票的各项财务指标，并对这些股票进行排名。

4 为排行榜上名次靠前的股票搜集更多相关信息（例如前几年的公司年度报告和新闻报道、评论文章等）。

5 调查这些公司在过去几年中的发展情况。例如，在过去 5 年里，这些公司是否已派发股息？是否宣布并实际开展了新的研发活动？它们的利润是持续增长还是出现了下降？

6 经过几个星期（市场低迷时期则延长至几个月）的关注后，从这些股票中选出几只，买入它们。注意，为了分散风险，要购买不同行业的公司的股票。

7 不要让金融机构的分析师左右你的决策，要相信自己的分析。

8 在做出决策时，不要完全依照股票的价格走势，而是要重点关注你自己的股票排行榜上的前几名。

术语表

股票

以书面确认的形式证明股份公司股份的一种有价证券。股票的所有者（股东）是股份公司的出资人。股份公司通过向股东出售股份来筹集股本。

股票基金

由基金经理管理的一种专门投资于各种股票的基金。股票基金中的股票可以在资本市场上进行交易。除了股票基金，还有房地产基金、养老基金和混合基金等。

股份公司

一种具有独立法人资格的商业公司。股份公司将其股本划分成股票。上市股份公司可以在证券交易所登记其股票并出售或回购。

股票期权

在期货交易所交易的股票合同约定权利。股票期权有固定期限。买入期权（看涨期权）和卖出期权（看跌期权）之间存在区别。买入期权约定在期权期限内以特定的价格（行权价）购买特定数量股票的权利。卖出期权与之相反，用于以较少的资本投资来在下跌的市场中获利。卖出期权可用于对冲股票投资组合的价格下跌。

股票回购

股份公司购买自身发行的股票。在德国，只有在《德国股份公司法》第 71 条规定的条件下才允许股票回购。股票回购会增加每股股票的价值，因为利润和股息会在未来分配给更少的股票（通常情况下，股票会在回购后被销毁），这对股东来说是有利的。然而，股票回购也会使公司未来的收购扩张计划变得更加困难。

股票分割

一种使高价股票更具吸引力的措施，通过在保持原始资金不变的情况下增加股份数量实现。股票分割会降低每股价格。对新投资者来说，这些股票似乎更便宜，因此更具吸引力。作为股票分割的一部分，现有股东持有的股份数量增加，总价值保持不变。

债券

一种具有固定期限的有价证券，收益方式通常为固定收益。发行债券的目的在于筹集外部资本。在债券期限结束时，债券发行机构将按照债券的面值偿还资金，利息通常每年支付一次。发行债券的主体可以是公司、各级政府、银行等。

套利交易

一种利用时间和（或）空间方面的价格差异获取收益

的交易形式。比如，如果同一只股票在多家证券交易所的价格不同，那么投资者可以在价格较便宜的证券交易所购买，然后立即在价格较高的证券交易所出售。然而，随着在线交易的普及以及市场透明度的不断提高，套利交易在证券交易中的意义已经越来越小。

资产

即财产。通常情况下，投资者将财产配置为不同的资产类别，例如股票、债券、房地产等。

监事会

股份公司中的一个机构，最重要的职责是对董事会实施监督。监事会由至少 3 名成员组成。成员由股东大会选举产生。

荷兰式拍卖

也称反向拍卖，拍卖的参与者根据卖方指定的起始价格进行降序竞拍。第一个出价者将获得标的。与正常

（升序）拍卖相比，这种拍卖方式可以在拍卖开始后迅速成交。这种拍卖方式的名称来源于荷兰花卉交易所。

B 股

1996 年，伯克希尔 – 哈撒韦公司推出了 B 股，也称"宝贝 B 股"（Baby B）。B 股的面值是昂贵的伯克希尔 – 哈撒韦 A 股的 1/30。低成本的 B 股让小投资者可以直接投资于伯克希尔 – 哈撒韦公司，而不是只能通过共同基金进行间接投资。

熊市

股市长期低迷的阶段。

行为经济学

经济学的分支学说，通过心理学研究来解释市场参与者的非理性行为。在证券交易中，解释非理性行为的一个很好的例子是由本杰明·格雷厄姆塑造的人物"市场先生"。格雷厄姆用这个人物角色说明了为什么投资者在某些情况下会表现出非理性行为。

伯克希尔 – 哈撒韦公司

1955 年，纺织公司伯克希尔公司和哈撒韦公司合并为伯克希尔 – 哈撒韦公司。20 世纪 60 年代，沃伦·巴菲特分批购买伯克希尔 – 哈撒韦公司的股票并成为公司董事。从那时起，伯克希尔 – 哈撒韦公司开始逐渐从不景气的纺织行业转型，将资金投资于纺织行业之外的其他利润丰厚的公司。1985 年，最后一家伯克希尔 – 哈撒韦公司的纺织厂关闭。从此，伯克希尔 – 哈撒韦公司在沃伦·巴菲特和他的搭档查理·芒格的领导下转型成为一家纯粹的投资控股公司。

贝塔系数

一个以整体市场作为参照的股价波动情况的度量单位。贝塔系数值为 1 的股票价格波动情况与市场平均水平相同。贝塔系数高于 1 则意味着股价波动超过平均水平或显示出高于平均水平的波动性。一只股票的贝塔系数值越高，该股票的风险性越大。

资产负债表

在企业管理中，资产负债表被视为一家公司在特定时间点（资产负债表日）的资产和负债的比较方式。资产负债表的资产栏提供有关资产构成的信息，而负债栏则记录资金的来源（融资）。

蓝筹股

经营业绩好的大型股份公司的股票。

董事会

股份公司的行政机构，由若干名董事组成。董事由股东选举产生。

证券交易所

股票（或其他金融商品）交易的场所。国际上知名的证券交易所有纽约证券交易所、伦敦证券交易所和东京证券交易所等。

经纪人

指为客户购买和出售股票的人，以及为客户管理证券并执行相应订单的存款银行，通过电话、传真或互联网接受和处理客户订单的直销银行等金融机构。

沃伦·巴菲特

一位美国价值投资大师，生于 1930 年 8 月 30 日。他是著名的投资公司伯克希尔－哈撒韦的创始人，该公司的 A 股是目前为止世界上最昂贵的上市公司股票。

账面价值

公司资产负债表上的一种财务指标。从数学角度来看，账面价值是公司总资产与总负债之间的差额。

护城河策略

由沃伦·巴菲特提出的一种投资策略。一家公司如果拥有其竞争对手无法超越的竞争优势（护城河），这种优势就可以成为投资者买入这家公司的股票的依据。巴菲特因为"不可逾越的护城河"这一理由选择购买的股票之一是可口可乐。可口可乐的"护城河"就是它的品牌。

现金流
一种衡量公司流动性的指标，即公司的收入款项与支出款项之间的差额。

图表分析
也称技术分析，指的是借助股票历史与当下的价格走势对其未来走势与发展情况进行评估和推断。

可转债
即可转换债券，指可到期偿还或按照约定的价格兑换为公司的普通股票的债券。

账户

存放股票、基金、权证等有价证券的托管账户。账户
由银行和金融服务机构进行管理。

德国 DAX 股票指数

由 30 只最大、销售情况最好的德国股票组成，被视为
德国股票市场发展的引领性指数。德国 DAX 股票指
数是一个业绩指数，也就是说，公司资本和股息的变
化都包含在该指数的计算之中。人们会对 DAX 30 指
数的组成定期进行检查并在必要时进行修正。

多元化

一种投资方法。为了降低亏损风险，投资者可在不同
的股票或资产类别（股票、债券、基金）之间分配可
用资金，并确保这些投资不会在不同的证券交易市场
上以相同的方式做出反应。然而，沃伦·巴菲特一再
强调不要过度多元化，因为这种多元化的方法同样会
稀释业绩。

股息

股份公司在股东大会上做出的利润分配决议。就德国股份公司而言，这些被分配的利润通常会在股东大会召开之后的第三个工作日支付给股东。在德国，股息通常每年支付一次。在美国，股息通常每年支付4次。除此之外，股息支付还有一个很重要的因素是股权登记日，即股东必须在某一特定日期或该日期之前在自己的账户中持有该公司的股票。

股息收益率

一种财务指标，用于衡量股份公司的股息金额与市场价值的关系。目前德国 DAX 股票指数包含的公司股息率在 0 到 5% 之间。

股息收益率 = 每股股息 / 每股股价 ×100%

大卫·多德

美国经济学家、投资者，生于 1895 年 8 月 23 日，逝于 1988 年 9 月 18 日。他与哥伦比亚大学的本杰明·格雷厄姆一起提出了著名的价值投资理论。

道琼斯工业平均指数

一个美国的股票指数，简称道琼斯指数。它是世界上最古老的股票指数之一，由查尔斯·道于1884年编制，包括30家美国规模最大的上市公司。道琼斯工业平均指数是一个价格指数。

有效市场假说

一种金融理论，由美国诺贝尔奖得主尤金·法玛提出。该假说认为，金融市场是一个完美的有效市场，所有市场信息都可以在很短的时间内被提供给所有参与者。这意味着金融市场上的价格与价值始终处于均衡状态，并且从长远来看，在金融市场上不可能获得高于平均水平的利润。有效市场假说受到了价值投资倡导者沃伦·巴菲特和本杰明·格雷厄姆的驳斥。

自有资本

即公司的资产减去负债。换句话说，自有资本是公司创始人带入公司的资本加上公司剩余的利润。与自有资本相对的是外部资本。

自有资本比率

一种衡量自有资本与公司总资本之间比率的财务指标。它可以显示公司的资本结构，从而传递出有关公司信誉的信息。公司的自有资本比率与公司所在行业有很大的关联。

自有资本比率 = 自有资本 / 总资本 ×100%

自有资本收益率

也称自有资本收益，是一个可以衡量公司的自有资本在特定期间收益情况的重要财务指标。

自有资本收益率 = 利润 / 自有资本 ×100%

发行人

发行证券的主体,包括公司、银行、保险公司、政府等。

除息日

只有在除息日前持有股票的股东才能参与股息分配。在德国,除息日通常是股东大会通过股息金额决议的次日。

财务指标

用于评估公司经济状况的比率,如股息收益率、自有资本收益率、市盈率、市净率、市现率、市销率等。

菲利普·费雪

生于 1907 年 9 月 8 日,逝于 2004 年 3 月 11 日,是一位成功的资产管理人,也是 1958 年出版的畅销书《普通的股票,非凡的利润》的作者。1931 年,他创立了费雪投资公司,领导该公司一直到 1999 年,取得了巨大的成功。费雪被认为是成长型投资的奠基人之一。该投资策略特别注重公司的成长前景（持续的发展、完善的管理等），并将这些方面视为购买股票的决定性因素。费雪还因长期持有股票而闻名。

浮存金

指公司可自由支配的资本。通常情况下，当某些客户定期缴纳的费用被用于未来的服务（例如保险）时，可自由支配的资本就会在公司中累积。

集中投资

指将一个投资组合集中（聚焦）于几只股票上。著名的集中投资者包括沃伦·巴菲特、查理·芒格、菲利普·费雪和比尔·鲁安。集中投资与多元化投资形成了某种鲜明的对比。

外部资本

即公司从外部投资者那里获得的资本，由公司的负债和准备金组成，比如贷款、抵押、供应商信贷，或者公司在资产负债表中为未来负债预留的资本等。与外部资本相对应的是自有资本。

基本面分析

指根据基本财务数据对股票或公司进行的分析，例如评估其自有资本比率、市盈率、股息收益率等。基本面分析需要对公司的财务指标进行计算和阐释，它的另一个变体是价值投资。

合并

两家或多家原本独立的公司融合为一家公司。

期货

约定在未来某一特定日期以特定价格购买或出售特定数量商品的合约。股票期货也被称为金融期货。

投资收益率

一种财务指标，代表公司所使用的全部资本（包含自有资本与外部资本）的收益率。10% 的投资收益率意味着一家公司每使用 100 欧元的资本就能获得 10 欧元的利润。

投资收益率 =（利润 + 外部资本收益）/ 总资本 ×100%

桑迪·戈特斯曼

一位成功的美国投资顾问，1926 年 4 月 26 日生于纽约。1964 年，他在纽约创立了一家投资咨询公司——第一曼哈顿有限公司。他很早就投资了伯克希尔 – 哈撒韦公司，并于 2003 年成为该公司的董事会成员。戈特斯曼居住在纽约州拉伊市。

本杰明·格雷厄姆

生于 1894 年 5 月 9 日，逝于 1976 年 9 月 21 日，美国经济学家、投资者。他与大卫·多德一起，在纽约哥伦比亚大学提出了基本面分析的概念，沃伦·巴菲特是他的学生之一。

大萧条

由美国时间 1929 年 10 月 24 日美国证券交易所的股市崩盘引发的一场持续到 20 世纪 30 年代后期的全球性金融危机。

成长型投资

一种投资策略，主要投资于高收益、高增长的公司。公司的成长前景（持续的发展、完善的管理）被成长型投资者视为购买股票的决定性因素。菲利普·费雪是成长型投资的奠基人之一。

股东大会

一种股份公司权力机构，由全体普通股股东组成。股东大会每年召开一次，因特殊原因也可以召开临时股东大会。股东大会通过股份公司的董事会、监事会或者管理委员会来确定利润分配、通过有关公司章程的决议、任命年度结算审计人，以及投票表决重要的公司决策（如增资、收购等）。

牛市

股票价格持续上涨的时期。

蝗虫

指只想寻求快速投资回报的投资者。这些投资者像蝗虫那样掠食公司。

控股

也称控股公司，指一家持有其他公司股份的公司。

指数基金

跟踪股票指数的股票基金，如德国 DAX 股票指数基金、美国道琼斯工业平均指数基金等。

内在价值

一个价值投资领域的财务术语，表示基于对资产负债表的分析或对财务指标的计算而得出的一家公司的合适价值。在考虑到安全边际的情况下，如果一家公司的内在价值高于当前的市场价格，该公司的股票就值得购买。

羊群效应

指人类的群居本能或从众性。也就是说，商业决策的做出在很多情况下不是出于经济原因，而是由于竞争者或商业环境的影响。

垃圾债券

指违约概率很高的债券，通常由经济状况处于困境的公司发行，这些公司因为自身糟糕的经济状况无法再从银行获得贷款。由于违约概率和相关风险较高，垃圾债券通常利率较高。

法人

指具有民事行为能力的组织，包括公司、公共机构、基金会等。从法律的角度看，法人与自然人处于平等地位。股份公司就是一种法人。

资本

一家公司的资本由自有资本和外部资本组成，后者在资产负债表中显示为负债。

市盈率

一种财务指标，用于衡量公司股价与收益的关系。市盈率是股票估值中使用最广泛的财务指标之一。然而，在公司亏损的情况下，市盈率这一指标是没有意义的。在这种情况下，可参考的指标是市现率。从历史上看，德国 DAX 股票指数中的股票平均市盈率约为15。一般情况下，市盈率明显较低的股票被认为是值得购买的。

市盈率 = 每股股价 / 每股收益

价格指数

反映一组股票的价格走势的指标。与业绩指数不同，计算价格指数时不需要考虑股息和资本的变化。

市净率

指每股股价与每股账面价值的比率，是一种评估公司市值的财务指标。市净率常常被沃伦·巴菲特和本杰明·格雷厄姆等价值投资大师用于评估股票及公司的价值。市净率越低，股票越具有价格方面的吸引力。市净率特别适合在价值投资中使用。

市净率 = 每股股价 / 每股账面价值

市现率

也称股价与现金流比率，是指一种以流动性为导向的财务指标，可代替市盈率用于亏损情况下的股票评估。市现率这一指标不太容易被企业出于美化其资产负债表的目的刻意修改粉饰。市现率越低，股票越物美价廉。

市现率 = 每股股价 / 每股现金流

市销率

一种专门用于评估亏损股票的财务指标，同时也适用于评估周期性股票，例如工业企业、批发商和原材料生产商的股票，这些公司的利润在很大程度上取决于总体经济发展水平。与同行业的其他股票相比，市销率相对较低的股票被认为价格更便宜。

市销率 = 每股股价 / 每股销售额

做空

指股票（以及其他有价证券、商品或外汇）在出售时并未由各自的市场参与者所有的情况。交易者选择做空通常是因为推测自己以后能够以更低的价格买入。

杠杆收购

指以高比例外部资本进行的公司收购。所收购公司的现金流通常用于偿还债务。

市值

也称股票市值，指上市公司股票的总价值。市值是上市公司当前股价与流通股数的乘积。

查理·芒格

生于 1924 年 1 月 1 日，美国律师、价值投资大师。自 1978 年以来，他一直担任伯克希尔 – 哈撒韦公司的副董事长。

自然人

基于出生而取得民事主体资格的人。与自然人相对的是法人。

绩优股

指价格走势明显高于平均水平的股票（以行业平均水平或指数为衡量标准）。

绩效指数

与价格指数相对，在计算时通常会考虑资本和股息的变化。德国 DAX 股票指数就是绩效指数。

投资组合

指投资者持有的证券或基金的总体情况。

投资组合理论

指在多元化投资组合中，单个证券的风险可以被其他证券抵消。根据投资组合理论，应该在一个投资组合中配置大量不同的股票。该理论由美国诺贝尔经济学奖获得者哈里·马科维茨提出。

收益率

投资者从各类投资活动中获得的利率或资本回报的百分比。

风险投资

指投资于风险特别大的项目（例如创业公司）。

比尔·鲁安

一位成功的美国资产管理经理，生于 1925 年 10 月

24 日，逝于 2005 年 10 月 4 日。他毕业于哈佛商学院经济学专业，并先后在波士顿银行和基德尔 – 皮博迪公司工作总计超过 20 年。1969 年，鲁安创办了自己的投资公司，并成立了红杉基金。在巴菲特的推荐下，巴菲特的一些前商业伙伴加入了红杉基金。红杉基金的业绩非常出色，收益率明显超过标准普尔 500 指数。

再保险公司

也称再保险商，指可以为保险风险承保的保险公司，即保险公司的保险公司。世界著名的再保险公司有瑞士再保险公司、慕尼黑再保险公司、通用再保险公司等，通用再保险公司由伯克希尔 – 哈撒韦公司所有。

"黑色星期五"

即欧洲时间 1929 年 10 月 25 日。这一天之所以被欧洲人称为"黑色星期五"，是因为美国股市在这一天

（即美国时间 1929 年 10 月 24 日）大幅下跌，并引发了世界性的金融危机。在美国，这一天被称为"黑色星期四"。

美国证券交易委员会

位于华盛顿特区的美国证券监管机构。

情绪分析

一种市场分析方法，该方法认为在评估价格走势时，还应考虑市场参与者的普遍情绪。情绪分析可以建立在民意调查结果、内幕交易数量和（或）媒体报道等几个方面之上。

安全边际

指股票的购买价格与实际价值之间的差额，旨在抵消或降低投资风险。价值投资者通过计算一家公司或一只股票的内在价值（账面价值）确定安全边际。当股票的价格低于其内在价值一定程度（例如 20% 或

25%）时，价值投资者就将这种情况视为具备安全边际，可以买入该股票。

价差

证券在证券交易所的买入价和卖出价之间的差额。

普通股

股份持有人在股东大会上可拥有表决权的股份。没有表决权的股份被称为优先股。

标准普尔 500 指数

一种反映美国市场表现情况的股票指数。其计算依据是美国 500 家最大的股份公司的股价。与道琼斯工业平均指数相比，它更能准确地反映美国的经济状况。

选股者

有针对性地购买单只股票以实现收益高于平均水平的

人。与选股相反的是对整体市场进行投资，例如购买指数基金。

自由流通股

指一家公司在证券交易所交易的股份数量。大股东持有的股份不属于自由流通股。

交易者

指短期买卖证券的投机者，他们利用市场中的价格波动赚取利润。

转机

指一家处于困境的公司成功扭亏为盈。

要约收购

一种特殊的证券交易形式，旨在取得股份公司的控制权。获得目标公司 30% 以上的表决权份额即可实现对一家股份公司的控制。

恶意收购

在事先未与董事会、监事会和公司员工协商的情况下，向股东发出要约收购公告。在实际操作中，恶意收购会进行形式上的调整，并通常被所收购公司的权力机构接受。

友好收购

在发出要约收购公告之前与公司的所有机构经过谈判并最终达成一致的收购。

价值投资

一种证券分析方法，以价值为导向，是基本面分析法的变体。价值投资者倾向于投资股价远低于公司内在价值的公司。这些公司的典型特征是低市盈率和高于平均水平的股息率。价值投资者的目标是识别被低估的公司并投资它们。价值投资是由美国经济学家本杰明·格雷厄姆和大卫·多德于 20 世纪 30 年代提出的概念。最著名的价值投资大师包括本杰明·格雷厄姆、沃伦·巴菲特和查理·芒格等。

负债

指一家公司未支付的财务款项，包括银行贷款、各公司自己发行的债券以及客户为尚未履行的服务支付的预付款等。公司的负债必须显示在年度资产负债表的负债一栏。

波动性

表示一段时间内一只股票波动范围的指标。具有高波动性（通常以贝塔系数值衡量）的股票会显示为价格的频繁波动。

董事会

股份公司的 3 个主要权力机构之一，主要职能是公司的管理以及法律上对公司的代表。在德国，董事会成员由监事会任命。

优先股

也称享有优先权的股票，特点是具有"利润分配的优先权"，即股息高于普通股。然而，优先股的持有人在股东大会上没有投票权。

证券分析

对证券市场的系统性调查与分析。证券分析的目的是得出对单个证券的买入、持有或卖出建议。在证券投资的具体实践中，3 种不同类型的证券分析具有如下区别：基本面分析考察的是一家公司的经营数据，并根据这些数据提出操作建议。图表分析考察的是一只证券迄今为止的价格走势，并由此推测出该证券未来的发展趋势。情绪分析考察的是市场投资者的情绪，并由此提出相关操作建议。

烟蒂投资策略

一种股票投资策略，由沃伦·巴菲特根据本杰明·格雷厄姆的选股方法总结提出。该策略把购买一家被低估的公司的股票比喻为捡了一个被人扔掉的烟蒂。这里的"最后再抽一口"指的是这笔投资几乎不需要支付什么费用。

参考文献

1   Smith, Adam (alias Goodman, George J.W.), Supermoney, Hoboken 2006, S. XXVII.

2   Loewe, Janet, Benjamin Graham – Leben, Gedanken und Anleger-Tipps, Bonn 1997, S. 8.

3   Buffett, Warren, The Superinvestors of Graham-and-Doddsville, in: Hermes, Magazin der Columbia Business School, New York 1984, S.7.

4   Ruane, Bill, zitiert in: Loewe, Janet, Benjamin Graham – Leben, Gedanken und Anleger-Tipps, Bonn 1997, S. 11.

5   Loewe, Janet, Benjamin Graham – Leben, Gedanken und Anleger-Tipps, Bonn 1997, S. 146.

6   Graham, Benjamin, So wurde ich zum Lehrmeister der Wall Street, Rosenheim 1999, S. 36.

7   Graham, Benjamin, So wurde ich zum Lehrmeister der Wall Street, Rosenheim 1999, S. 38.

8   Graham, Benjamin, So wurde ich zum Lehrmeister der Wall Street, Rosenheim 1999, S. 43.

9   Graham, Benjamin, So wurde ich zum Lehrmeister der Wall Street, Rosenheim 1999, S. 57.

10 Loewe, Janet, Benjamin Graham – Leben, Gedanken und Anleger-Tipps, Bonn 1997, S. 15.

11 Chatman, Seymour, in: Graham, Benjamin, So wurde ich zum Lehrmeister der Wall Street, Rosenheim 1999, S. 14 f.

12 Chatman, Seymour, in: Graham, Benjamin, So wurde ich zum Lehrmeister der Wall Street, Rosenheim 1999, S. 12.

13 Graham, Benjamin, So wurde ich zum Lehrmeister der Wall Street, Rosenheim 1999, S. 97.

14 Graham. Benjamin, So wurde ich zum Lehrmeister der Wall Street, Rosenheim 1999, S. 100.

15 Vgl. Chatman, Seymour, in: Graham, Benjamin, So wurde ich zum Lehrmeister der Wall Street, Rosenheim 1999, S. 18.

16 Graham, Benjamin, So wurde ich zum Lehrmeister der Wall Street, Rosenheim 1999, S. 118.

17 Graham, Benjamin, So wurde ich zum Lehrmeister der Wall Street, Rosenheim 1999, S. 121.

18 Graham, Benjamin, So wurde ich zum Lehrmeister der Wall Street, Rosenheim 1999, S. 323.

19 Graham, Benjamin, So wurde ich zum Lehrmeister der Wall Street, Rosenheim 1999, S. 137.

20 Graham, Benjamin, So wurde ich zum Lehrmeister der Wall Street, Rosenheim 1999, S. 136 f.

21 Loewe, Janet, Benjamin Graham – Leben, Gedanken und Anleger-Tipps, Bonn 1997, S. 19.

22 Graham, Benjamin, So wurde ich zum Lehrmeister der Wall Street, Rosenheim 1999, S. 126.

23 Graham, Benjamin, So wurde ich zum Lehrmeister der Wall Street, Rosenheim 1999, S. 157.

24 Graham, Benjamin, So wurde ich zum Lehrmeister der Wall Street, Rosenheim 1999, S. 171.

25 https://usa.usembassy.de/etexts/his/e_g_prices1.htm

26 Loewe, Janet, Benjamin Graham – Leben, Gedanken und Anleger-Tipps, Bonn 1997, S. 24.

27 Graham, Benjamin, So wurde ich zum Lehrmeister der Wall Street, Rosenheim 1999, S. 171.

28 Graham, Benjamin, So wurde ich zum Lehrmeister der Wall Street, Rosenheim 1999, S. 163.

29 Graham, Benjamin, So wurde ich zum Lehrmeister der Wall Street, Rosenheim 1999, S. 168.

30 Kahn, Irving; Milne Robert D., Benjamin Graham – The Father of Financial Analysis, in: Occasional Paper Number 5, The Financial Analysts Research Foundation, Charlottesville 1977, S. 3.

31 Janet Lowe nennt hier explizit Bernard Baruch: Loewe, Janet, Benjamin Graham – Leben, Gedanken und Anleger-Tipps, Bonn 1997, S. 26.

32 Graham, Benjamin, So wurde ich zum Lehrmeister der Wall Street, Rosenheim 1999, S. 172 f.

33 Loewe, Janet, Benjamin Graham – Leben, Gedanken und Anleger-Tips, Bonn 1997, S. 26.

34 Graham, Benjamin, So wurde ich zum Lehrmeister der Wall Street, Rosenheim 1999, S. 174 f.

35 Kahn, Irving; Milne Robert D., Benjamin Graham – The Father of Financial Analysis, in: Occasional Paper Number 5, The Financial Analysts Research Foundation, Charlottesville 1977, S. 4.

36 Dies war in etwa das Doppelte des US-Durchschnitteinkommens, das im Jahre 1920 bei 27 Dollar/Woche lag.

37 Graham, Benjamin, So wurde ich zum Lehrmeister der Wall Street, Rosenheim 1999, S. 147.

38 Graham, Benjamin, So wurde ich zum Lehrmeister der Wall Street, Rosenheim 1999, S. 212.

39 Graham, Benjamin, So wurde ich zum Lehrmeister der Wall Street, Rosenheim 1999, S. 212 f.

40 Loewe, Janet, Benjamin Graham – Leben, Gedanken und Anleger-Tipps, Bonn 1997, S. 34.

41 Graham, Benjamin, So wurde ich zum Lehrmeister der Wall Street, Rosenheim 1999, S. 193.

42 Graham, Benjamin, So wurde ich zum Lehrmeister der Wall Street, Rosenheim 1999, S. 195.

43 Kahn, Irving, zitiert in: Loewe, Janet, Benjamin Graham – Leben, Gedanken und Anleger-Tipps, Bonn 1997, S. 41.

44 Vgl. Kahn, Irving; Milne Robert D., Benjamin Graham – The Father of Financial Analysis, in: Occasional Paper Number 5, The Financial Analysts Research Foundation, Charlottesville 1977, S. 10 f.

45 Graham, Benjamin, So wurde ich zum Lehrmeister der Wall Street, Rosenheim 1999, S. 219.

46 Loewe, Janet, Benjamin Graham – Leben, Gedanken und Anleger-Tipps, Bonn 1997, S. 23.

47 Vgl. Kahn, Irving; Milne Robert D., Benjamin Graham – The Father of Financial Analysis, in: Occasional Paper Number 5, The Financial Analysts Research Foundation, Charlottesville 1977, S. 12.

48 Graham, Benjamin, So wurde ich zum Lehrmeister der Wall Street, Rosenheim 1999, S. 231.

49 Graham, Benjamin, So wurde ich zum Lehrmeister der Wall Street, Rosenheim 1999, S. 228.

50 Graham, Benjamin, So wurde ich zum Lehrmeister der Wall Street, Rosenheim 1999, S. 228.

51 Graham, Benjamin, So wurde ich zum Lehrmeister der Wall Street, Rosenheim 1999, S. 231.

52 Graham, Benjamin, So wurde ich zum Lehrmeister der Wall Street, Rosenheim 1999, S. 235.

53 Graham, Benjamin, So wurde ich zum Lehrmeister der Wall Street, Rosenheim 1999, S. 239.

54 Graham, Benjamin, So wurde ich zum Lehrmeister der Wall Street, Rosenheim 1999, S. 269.

55 Kahn, Irving; Milne Robert D., Benjamin Graham – The Father of Financial Analysis, in: Occasional Paper Number 5, The Financial Analysts Research Foundation, Charlottesville 1977, S. 20.

56 Kahn, Irving; Milne Robert D., Benjamin Graham – The Father of Financial Analysis, in: Occasional Paper Number 5, The Financial Analysts Research Foundation, Charlottesville 1977, S. 15.

57 NACHRUF BERNARD BARUCH 19. VIII. 1870 - 20. VI. 1965 in: Der Spiegel vom 30.06.1965

58 Kahn, Irving; Milne Robert D., Benjamin Graham – The Father of Financial Analysis, in: Occasional Paper Number 5, The Financial Analysts Research Foundation, Charlottesville 1977, S. 16.

59 Loewe, Janet, Benjamin Graham – Leben, Gedanken und Anleger-Tipps, Bonn 1997, S. 45.

60 Graham, Benjamin, So wurde ich zum Lehrmeister der Wall Street, Rosenheim 1999, S. 281.

61 Graham, Benjamin, So wurde ich zum Lehrmeister der Wall Street, Rosenheim 1999, S. 275.

62 Als Beginn des großen Börsencrash wird oft der 25.10. – der »Schwarze Freitag« – genannt. Allerdings waren die Kursverluste an den beiden Tagen zuvor wesentlich höher ausgefallen.

63 Vgl. Kahn, Irving; Milne Robert D., Benjamin Graham – The Father of Financial Analysis, in: Occasional Paper Number 5, The Financial Analysts Research Foundation, Charlottesville 1977, S. 18.

64 Graham, Benjamin, So wurde ich zum Lehrmeister der Wall Street, Rosenheim 1999, S. 285.

65 Chatman, Seymour, in: Graham, Benjamin, So wurde ich zum Lehrmeister der Wall Street, Rosenheim 1999, S. 7.

66 Graham, Benjamin, So wurde ich zum Lehrmeister der Wall Street, Rosenheim 1999, S. 292.

67 Graham, Benjamin, So wurde ich zum Lehrmeister der Wall Street, Rosenheim 1999, S. 298.

68 Graham, Benjamin, So wurde ich zum Lehrmeister der Wall Street, Rosenheim 1999, S. 314.

69 Graham-Newman Corporation, Letter to the Stockholders 1946 vom 28.02.1946, New York 1946, S. 1.

70 Loewe, Janet, Benjamin Graham – Leben, Gedanken und Anleger-Tipps, Bonn 1997, S. 93.

71 Graham, Benjamin, So wurde ich zum Lehrmeister der Wall Street, Rosenheim 1999, S. 303.

72 Graham, Benjamin, So wurde ich zum Lehrmeister der Wall Street, Rosenheim 1999, S. 187.

73 Chatman, Seymour, in: Graham, Benjamin, So wurde ich zum Lehrmeister der Wall Street, Rosenheim 1999, S. 23.

74 Graham-Newman Corporation, Letter to the Stockholders 1946, New York 1946, S. 1. (https://rbcpa.com/benjamin-graham/graham-newman-letters-to-shareholders/)

75 Loewe, Janet, Benjamin Graham – Leben, Gedanken und Anleger-Tipps, Bonn 1997, S. 95.

76 Loewe, Janet, Benjamin Graham – Leben, Gedanken und Anleger-Tipps, Bonn 1997, S. 128.

77 Loewe, Janet, Benjamin Graham – Leben, Gedanken und Anleger-Tipps, Bonn 1997, S. 151.

78 Der Titel der deutschen Ausgabe lautet »Intelligent investieren« und ist in der 8. Auflage im Finanzbuch Verlag erschienen.

79 Graham, Benjamin, So wurde ich zum Lehrmeister der Wall Street, Rosenheim 1999, S. 90.

80 Schroeder, Alice, Warren Buffett – Das Leben ist wie ein Schneeball, München 2010, S. 190.

81 Vgl. Loewe, Janet, Benjamin Graham – Leben, Gedanken und Anleger-Tipps, Bonn 1997, S. 139.

82 Schroeder, Alice, Warren Buffett – Das Leben ist wie ein Schneeball, München 2010, S. 228.

83 Schroeder, Alice, Warren Buffett – Das Leben ist wie ein Schneeball, München 2010, S. 229.

84 Lowenstein, Roger, Buffett – Die Geschichte eines amerikanischen Kapitalisten, Kulmbach 2009, S. 102.

85 Schroeder, Alice, Warren Buffett – Das Leben ist wie ein Schneeball, München 2010, S. 230.

86 Lowenstein, Roger, Buffett – Die Geschichte eines amerikanischen Kapitalisten, Kulmbach 2009, S. 105.

87 Schroeder, Alice, Warren Buffett – Das Leben ist wie ein Schneeball, München 2010, S. 242.

88 Chatman, Seymour, in: Graham, Benjamin, So wurde ich zum Lehrmeister der Wall Street, Rosenheim 1999, S. 21.

89 Loewe, Janet, Damn right! Behind the Scenes with Berkshire Hathaway Billionaire Charlie Munger, New York 2000, S 76 f.

90 Charles Munger in einer Rede auf der Wesco-Hauptversammlung im Mai 1991.

91 Alternativ wird diese Investorenrunde in der Literatur auch als Buffett-Runde bezeichnet. Buffett nennt diese Gruppe einfach »our group«.

92 Vgl. Loewe, Janet, Benjamin Graham – Leben, Gedanken und Anleger-Tipps, Bonn 1997, S. 1.

参考文献

93 Loewe, Janet, Benjamin Graham – Leben, Gedanken und Anleger-Tipps, Bonn 1997, S. 181.

94 Graham, Benjamin, Intelligent investieren – Der Bestseller über die richtige Anlagestrategie, München 2016, S. 549.

95 Vorwort von Warren Buffett in: Graham, Benjamin, Die Geheimnisse der Wertpapieranalyse – Überlegenes Wissen für Ihre Anlageentscheidung, München 2016, S. 7.

96 Vorwort von Warren Buffett in: Graham, Benjamin, Intelligent investieren – Der Bestseller über die richtige Anlagestrategie, München 2016, S. 10.

97 Loewe, Janet, Benjamin Graham – Leben, Gedanken und Anleger-Tipps, Bonn 1997, S. 55.

98 Graham, Benjamin, Intelligent investieren – Der Bestseller über die richtige Anlagestrategie, München 2016, S. 220.

99 Graham, Benjamin, Die Geheimnisse der Wertpapieranalyse – Überlegenes Wissen für Ihre Anlageentscheidung, München 2016, S. 600 ff.

100 Graham, Benjamin, Intelligent investieren – Der Bestseller über die richtige Anlagestrategie, München 2016, S. 225.

101 Benjamin Graham, zitiert in: Griffin, Tren, Charlie Munger – Ich habe dem nichts mehr hinzuzufügen, München 2016, S. 47.

102 Graham, Benjamin, Die Geheimnisse der Wertpapieranalyse – Überlegenes Wissen für Ihre Anlageentscheidung, München 2016, S. 34 ff.

103 Graham, Benjamin, Intelligent investieren – Der Bestseller über die richtige Anlagestrategie, München 2016, S. 537.

104 Graham, Benjamin, Intelligent investieren – Der Bestseller über die richtige Anlagestrategie, München 2016, S. 544.

105 Kahn, Irving u. Milne, Robert D. in: Benjamin Graham, The Father of Financial Analysis, Charlottesville 1977, S. 41.

106 Graham, Benjamin, Intelligent investieren – Der Bestseller über die richtige Anlagestrategie, München 2016, S. 217.

107 Graham, Benjamin, Intelligent investieren – Der Bestseller über die richtige Anlagestrategie, München 2016, S. 225.

108 Graham, Benjamin, So wurde ich zum Lehrmeister der Wall Street, Rosenheim 1999, S. 303.

109 Graham, Benjamin, Intelligent investieren – Der Bestseller über die richtige Anlagestrategie, München 2016, S. 211.

110 Graham, Benjamin, Intelligent investieren – Der Bestseller über die richtige Anlagestrategie, München 2016, S. 211.

111 Lettter to the Shareholders of Berkshire Hathaway Inc. 1989 vom 02.03.1990.

112 Graham, Benjamin, So wurde ich zum Lehrmeister der Wall Street, Rosenheim 1999, S. 173.

113 Graham, Benjamin, So wurde ich zum Lehrmeister der Wall Street, Rosenheim 1999, S. 195.

114 Phalon, Richard, Forbes greatest investing stories, New York 2001, S. 3.

115 Loewe, Janet, Die Graham-Methode, Bonn 1997, S. 142 ff.